大樂文化

大樂文化

大樂文化

「溫暖討喜」的微狡猾交往術

「人たらし」のズルい交際術

內藤誼人◎著
侯詠馨◎譯

付出1%的努力，
就能提升99%貴人運的65個技巧！

第1章

用微狡猾「賣萌」技巧，提升你的人氣

CONTENTS

第3章

微狡猾「交際」技巧，讓你獲得主管信任

第4章 用微狡猾「破冰」技巧，排解冷淡僵局

第5章

用微狡猾「形象」技巧，瞬間給人好印象

第6章

微狡猾「交友」技巧，讓你到哪裡都左右逢源

前言
心理學家掛保證的微狡猾交往術，幫你吸引貴人來！

任何人第一次使用新的電腦軟體時，都無法立刻運用自如，若不一邊看說明書、一邊嘗試，會不知道該如何操作。不過，持續使用同一種軟體一段時間之後，不再感到操作困難。不需要特地翻閱說明書，就能自然地敲擊鍵盤。

「溫暖討喜」的人際交往術也是如此。在以往的生活裡，不常與其他人打交道的人，剛開始也許只知道一些笨拙的相處方式，如果無法給對方留下好印象，只能咬牙切齒、後悔莫及。然而，這純粹只是練習不足，**只要一點一滴地練習，每個人都能學會面面俱到的交往技巧**。

「我個性怕生，實在學不會怎麼跟別人打交道……。」

「我生來內向害羞，怎麼交得到朋友……。」

其實，不用擔心這些問題。我保證任何人只要閱讀本書，都能學會溫暖討喜並懂得說話。這就是人際交往術的本質。

關於「交往術」，大家看到「術」這個字，就知道這是一門技術。這門技術與新的電腦軟體差不多，每個人都學得會。

有些人認為學習鋼琴或小提琴等樂器時，最好從三歲就開始，若是到三十歲就學不會了。但其實沒有這回事，即使七十歲仍然可以學習鋼琴，因為學習能力與年齡無關。

人際交往術也是如此，不論你現在幾歲，學習起來都不困難。舉例來說，溫暖討喜的人看到一張性別不明的小嬰兒照片時，一定會問：「哦，是女生嗎？」如果小嬰兒是女生，就是答對了，若其實是男生，可以說他看起來像女孩一樣可愛，不論怎麼解釋，都不會太失禮。

對於「**看到小嬰兒的照片時，詢問『是女生嗎？』**」這個規則，溫暖討喜的人會把它化為自己的守則，刻印在腦海裡，因此他回話應對才能面面俱到。

另外，溫暖討喜的人面對女性時，一定會故意把對方的年齡說得小一點。即使這位女性的外貌顯然已經四十幾歲，他還是神色自若地問：「**我記得○○小姐應該是三十幾歲吧？**」為什麼要這樣做？因為這可以哄得女性心花怒放。

再舉個例子，穿著打扮入時的人當然比較討喜，不過溫暖討喜的人在不知道該穿什麼的時候，會選擇藍色系服裝，因為心理學資料顯示藍色比較受歡迎。

總而言之，人際關係順不順利，取決於你知道多少相關技巧。

本書不會提出「請用真心體貼對待他人」這類抽象、不著邊際的建議，因為這麼說也無法知道實際上該怎麼做。本書只提供現在立即可用的技術。

在日本，「溫暖討喜」系列的書已累計銷售達到六十萬冊（至二〇一八年二月）。這系列的書會受到讀者歡迎，應該是因為提供了能立刻實踐的知識，所以本書也會充分談論人際交往術專用的實踐技巧。

第 1 章

用微狡猾「賣萌」技巧，提升你的人氣

1 初次見面時會有兩成的人喜歡你，但接著該怎麼做？

據說這個世界上有六、七十億人口。既然有這麼多麼人，不論你的個性如何，應該都會有人喜歡你。

或許有人覺得：「我很難相處，脾氣又硬，沒人會喜歡我」，其實沒有這回事，**世界很大，必定會有喜歡你的人**。

舉例來說，夏目漱石（譯註：一八六七—一九一六，日本小說家）是個難搞的男主人，總是被女傭與夫人鏡子嫌棄。然而，年輕的文學家很喜歡夏目漱石，幾乎每天都到他家報到，讓他不堪其擾。

由於訪客實在太多，夏目漱石不得不訂一個「只有週四才見客」的規矩。後來，這發展成「木曜會」（舉辦於週四），可見得他受到多少人敬愛。

總而言之，不論多麼難相處的個性，一定有人欣賞。

有的讀者會反駁：「好吧，也許找得到欣賞我的人，可是很少啊。」但我想告訴大家，欣賞你的人其實一點也不少。

根據美國簡報專家哈勒戴（Micki Holliday）推算，你認識的人當中，至少有兩成對你抱持好感。換句話說，每十個人就有兩個人喜歡你。哈勒戴認為，只要多加努力，也能讓剩下的八成當中有五成喜歡你。**完全合不來、真的很難相處的人，頂多只占全部的三成**。

想到「在認識的人當中，有兩成的人喜歡自己」這一點，你是不是湧現更多自信呢？是不是覺得：「應該要有自信，展現自我！」

其實，交往技巧差的人只是沒發現自己的優點。各位或許還沒發現，自己擁有非常迷人的魅力，因此希望你放心與別人相處。

即便你很愛發脾氣，仍然會有人對你抱持好感：「可以坦率表現自己的人很棒。」而且，十個人當中就有兩個人這麼想。

2

做簡報時「面紅耳赤」很丟臉嗎？其實這是一大利器

有些人感到苦惱：「我很容易臉紅，每次和別人見面，總是面紅耳赤。」但是，我覺得這是很奢侈的煩惱，甚至有點羨慕。

或許有人認為：「咦？連耳根子都會發紅？這有什麼好羨慕的？」其實，臉紅能讓人留下非常好的印象，換句話說，我們可以把它當成一大利器。

臉紅絕不是一件丟臉的事，相反地，臉紅多半能獲得好評。

心理學也透過實驗證實這個論點。根據英國薩塞克斯大學的塞敏（Gün Semin）所做的研究顯示，相較於沉著冷靜、面不改色的人，**滿臉通紅、害羞的人更容易令人產生好感**。

面試也是如此。比起經驗豐富、說話伶牙俐齒，不少面試官更喜歡臉紅到耳根子、講話誠懇結巴的學生。做簡報時，比起談吐流暢老成，客戶通常對滿臉通紅的簡報者更有好感。

溫暖討喜的人分成兩種：一種是不怕生，可以侃侃而談；另一種正好相反，**個性內斂、不太主動搭話，但深受眾人喜愛**。

因此，生性害羞內向的人不用擔心，即使很容易臉紅，也完全不需要改善，反而應該把它當成自己的武器。

和別人見面時，反正都會臉紅，而且終究會被發現，所以別遮遮掩掩了，倒不如大方宣稱：「我很容易臉紅，自己也覺得有點不好意思。」坦白說出自己的自卑情結，對方必定立刻卸下心防。

舉例來說，喝酒時也是如此，有些人不論喝多少都面不改色，而有些人會臉紅，我想臉紅的人一定比較受歡迎。

或許當事人覺得臉紅是件丟臉的事，但是真的不必害羞。由於臉紅能獲得好評，反而應該慶幸才對。

3 以沉默的態度，掩飾自己悲觀負面的意見

我們喜歡正向思考的人，換句話說，樂觀的人比較受歡迎。

在電視上，如果某位名嘴指出：「日本經濟的未來一片黑暗」，而另一位名嘴表示：「日本經濟將越來越好」，我想觀眾必定會比較喜歡後者。

我很少看新聞，因為新聞總是報導一些讓人沮喪的資訊或消息。比方說，「日本社會的高齡化已經沒救了」、「日本政治人物欠缺決斷力」，或是「公務人員道德低落」等，都是讓人心情不佳的報導，所以我不喜歡看新聞。

根據英國ＢＢＣ的調查，外國人對日本的印象非常好。為什麼日本人總是講自己的壞話？而且，觀眾真的想看到前面提及的那種新聞嗎？

雖然負面思考沒什麼不好，不過沒必要對別人提起這種事情。我認為把負面思考留在自己腦袋裡就好，不必告訴其他人。

美國普渡大學的泰勒（James Tyler）分別製作悲觀者與樂觀者的資料，讓九十位學生在閱讀後，對人物進行評論。結果如同各位讀者的想像，樂觀的人獲得絕大多數的好評。

悲觀的人怎麼可能會討人喜歡？我們喜歡像太陽、向日葵一般開朗樂觀的人，絕對不會喜歡黑暗陰沉的人。

舉例來說，你覺得：「真是受不了，好熱哦，汗水流個不停，夏天真討厭！」但是，在與別人說話時，你還是得說：「天氣這麼熱，工作之後的啤酒一定特別好喝。」這就是人際交往術。

再提醒一次：在這個世界上，沒有人喜歡聽到負面言論。不對，或許有一小部分的人喜歡，但他們絕對是少數派，大多數的人都喜歡開朗的話題。

如果你只有負面想法，最好閉上嘴巴、保持沉默。乾脆不要說話也許無法贏得好評，但至少不會遭受惡評，所以沉默不語會比較好。

4

用「人皆偶像」理論，活化身心激發最佳狀態

第一次與某人見面時，要讓自己保持高度期待。在見面之前，基本上要如同即將遠足的小學生，保持興奮不已、迫不及待、坐立難安的心情。

為什麼要心懷期待呢？因為你只要保持高度期待，就能在與對方會面的那一瞬間，展現自己最好的一面。

最糟的情況就是，心裡覺得「只不過是見個面而已」。認為只是見個面的人將呈現出自己無趣的一面，對方會覺得你非常無趣，臉上沒有表情、聲音也不帶感情。

當你與別人見面時，**請告訴自己：我要見的是心儀多時的偶像或歌手**。如此一來，絕對能給對方留下好印象。

法國弗朗索瓦・拉伯雷大學的吉列（Nicolas Gillet）闡明，人的期待越高，表現會越好。吉列針對一百七十三名網球職業選手，調查他們在大賽前一天及當天的心情。結果發現：前一天越期待比賽的選手，在比賽當天獲勝的比率越高。

其原因在於，**期待可以活化我們的身體，激發出最佳的潛能**。

吉列指出，抱持「只不過是參加比賽」心態的選手，士氣比較低落，獲勝的比率也比較低。由此可知，期待果然能為我們帶來良好影響。

和人見面時，也是同樣的道理。心裡覺得「只不過是見個面而已」的人，完全無法展現出自己的魅力。

如果你心想「為什麼要施展魅力」、「真是麻煩，不用使出全力」，就無法展現魅力了。因此，在和他人見面時，保持高度期待的心情十分重要。

「或許會遇見一個非常棒的人。」

「說不定兩人會成為獨一無二的摯友。」

你抱著這樣的心情等待，臉上自然會洋溢著笑容。在這種狀態下與對方見面，才能展現自己最美好的一面。

因此，**在和別人見面之前，請先自我暗示，讓自己處於興奮、期待的狀態**。例如：

「我今天狀況超棒，一定能展現出最好的一面。」

「昨天睡得很飽，必定能用最的笑容，擄獲他的心。」

「在晨間新聞的運勢預測中，我今天是第一名，應該會有好事發生。」

想像以上這些情境，正是與人見面的訣竅。

5 創造「一對一時間」，毫無顧忌分享心裡話

在和別人見面時，最好儘量創造出「一對一」的情境。若是沒有其他人在場，雙方比較不會緊張，可以毫無顧忌地說出心裡話，而**在場的人越多，彼此越難呈現自己的本性**。

舉例來說，國中時因為非常胖而拚命減肥的回憶，或者大學時喝醉後跳進公園噴水池裡等有趣的故事，若不是在兩個人獨處時，實在很難說出口。

美國威克森林大學的索拉諾（Cecilia Solano），曾經召集互不相識的大學生，請他們逐一自我介紹，然後針對彼此的熟識程度進行實驗。

索拉諾將成員分成兩人、三人、四人一組。結果發現：兩人小組的成員揭露不少

兩人獨處時，更容易談論私密話題

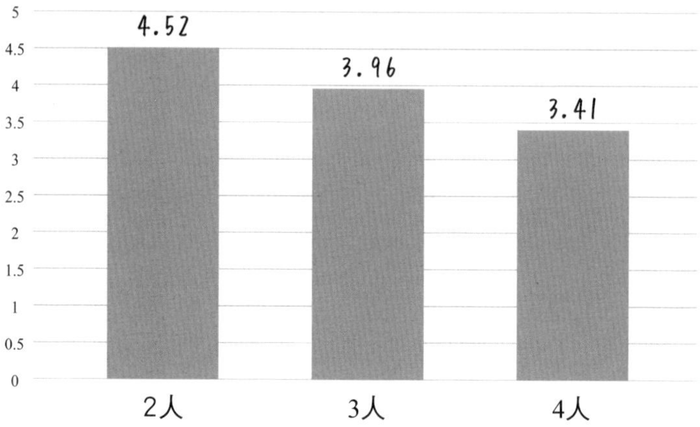

數值越接近6，表示私密話題越多

（出處：Solano,C.H. ,et al）

自己的祕密，三人小組討論的較少，而四人小組談論的更少了（參照上圖）。

對於絕大多數人來說，參與談話的人數越多，越是只聊一些很表面的話題（也就是無聊的事）。對話要由兩個人進行才是正確的方式，**在兩人獨處的狀態下，可以聊聊自己的失敗經驗或是有趣故事，會加快彼此友好的程度**。

當許多人在場時，因為不敢聊這些話題，於是遲遲無法加深關係。就像是在眾人齊聚一堂的派對，彼此往往無法深入交往。

因此，溫暖討喜的人很少參加派對，即使到了現場，應該會馬上抓住某個人，並提出邀約：「我們去別的地方喝吧，這裡人很多，總覺得無法好好聊聊呢。」

6 有的人邀約女生屢屢成功，並非因為長得帥而是……

想要與別人建立良好的交情，基本關鍵就是無論如何都要直接見面。

雖然傳訊息、用Line聊天也能培養感情，但只能培養表面的交情。如果不能面對面直接交談，就無法建立深厚的情誼。因此，想和對方見面，必須先約對方出來。

邀請時有一些訣竅，若是發生什麼差錯，或許會陷入「對方根本不想和你見面」的悲慘困境，請務必留心。

有些男性邀女性去約會時，幾乎完全不會被拒絕。**他們不是因為長相帥氣，而是運用不會被拒絕的邀約法，才能屢屢成功**。

到底他們是用什麼方法去邀約呢？大多數都是「以見面為前提」的邀約法。

舉例來說，他們不說「改天一起去吃個飯好嗎？」，而是說「我知道一家很時尚的西班牙餐廳，你什麼時候有空？」，或是「如果你和我出去，想吃西餐還是日本料理？」換句話說，在詢問對方之前，已經預設「對方要去」的前提。

乍看之下，這種邀約法有幾分強勢，但其實並非如此，只是一個讓對方容易點頭的技巧。而且，對象不僅限於女性，對男性也很有效。

美國伊利諾大學的哈利斯（Richard Harris）表示，用不同的方式提問，對方的反應會出現一百八十度轉變。**提問是一種誘導，充分利用提問的技巧，能引導對方展現出你想要的反應。**

像是詢問對方「改天一起去吃飯好嗎？」就是一個例子。大部分的人聽到這種邀請，都會回答「No」。因此，重點不是向對方提問，而是誘導出答案。

所以，以對方要去為前提，詢問：「**一起去吃個飯吧，你覺得是平常日還是假日比較好？**」是一種更有效的方式。

7 沒人喜歡看臭臉，你得打開「興高采烈的開關」

當你與別人見面時，必須一直維持「興高采烈」的狀態，因為絕對沒有人喜歡擺個臭臉的人。

不論你是發燒到四十度、因宿醉而劇烈頭痛，還是全身肌肉痠疼，你在和別人見面時，都得立刻展現出開朗愉快的態度，大聲打招呼：「早安！」、「你好！」

關鍵在於，**從打招呼開始，就要用幾乎會嚇到對方的音量大聲說話**。要把自己當成演員，扮演開朗愉快的人。

東京迪士尼樂園的員工與表演者，持續獲得訪客及來賓的高度評價。相較於其他的主題樂園，迪士尼的員工評價特別高。

到底他們特別注意哪些部分呢？我想應該是「興高采烈的演技」。迪士尼的員工總是笑容滿面、非常開心。訪客看了他們的模樣，也覺得非常愉快。

東京迪士尼樂園的員工在開始工作之前，會啟動頭腦中「登台演出」的開關，把自己當成表演者，這是值得大家學習的作法。

因此，各位不妨發出聲音，對自己說：「好了，接下來要和人見面，把興高采烈的開關打開吧！」像這樣的自我暗示是一種訣竅，接著再和對方見面，就比較容易贏得好感。

當你開朗愉快時，對方也會受到感染，跟著開心起來，於是雙方都能度過一段愉快的時光。

荷蘭阿姆斯特丹大學的霍克（Skyler Hawk）在實驗中發現，當某個人以不愉快的表情與聲音對待他人時，對方的表情會越來越難看，心情也會變得很不愉快。相反地，如果和臉悅色地對待他人，對方的表情會越來越親切柔和。

換句話說，**你希望對方雀躍愉快，必須先展現出開朗愉快的模樣**。

因此，你得在自己心中安裝一個興高采烈的開關，並且在和別人見面之前，先把開關打開。

8

發現對方不高興，先閃遠一點再說！

前文中告訴大家，在和別人見面時，首先要呈現興高采烈的一面。

當自己處於興高采烈的狀態時，可以展現最好的一面；另一方面，心情不好時，只會露出不高興的表情。由此可知，讓自己處於興高采烈的狀態，是與他人交往的絕對條件。

但即使你心情非常好，若對方心情很糟糕，雙方還是處不來。因此，請大家記住這一點：**抓準對方好心情的時機，再去和他見面**。

假設你經常拜訪某家公司的老闆，而且每次都被他罵。但有一次，老闆春風滿面，親自泡咖啡給你喝，還好聲好氣地說：「辛苦了。不好意思，經常麻煩你。」

你心想：「為何態度忽然改變這麼多？」難道這位老闆是雙重人格嗎？那倒也未必。

你每次都挨罵，是因為拜訪的時機不對，總是在老闆最忙碌的傍晚，使得對方心情惡劣。你事後才知道，在比較不忙碌的早上拜訪，老闆才會態度親切。

可見得，**不論你的心情多麼好，如果對方不開心、焦躁不安，雙方還是無法愉快相處**。所以，你要避開這樣的時段，看準對方心情最好的時間點。

我看過已出版一段時日的《新・上班族講座》，其中提到一名主管深受女性部屬敬愛。這位主管清楚記得七個女性部屬的生理期，一旦發現某人處於生理期，就交辦比較輕鬆的工作，或是派她出個公差。其原因在於，女性在生理期容易焦躁不安，因此他儘量親切地對待。而且，他即使知道某人處於生理期，也絕口不提這件事。

從這位主管的例子，我們得知女性部屬心情焦躁時，最好離她遠一點，或是小心翼翼地與她相處。

順帶一提，**和別人見面的最佳季節是春季到夏季**。大家應該都能想像其原因：這段期間非常舒服，人們的心情自然比較放鬆。

義大利拿坡里第二大學的巴貝托（Giuseppe Barbato）也證實，人類的心理會受到季節的影響，而春季到夏季是心情最好的時期。因此，請大家記得：最好趁著春夏時節，積極與他人見面。

9 選一個理想範本，初次見面就扮演開朗的人

如果想成為社交高手，只要假裝自己是社交高手就行了。無論你的個性如何，都不必擔心，請在腦海中想像一個開朗直爽的人，然後把自己變成他，也就是說，你扮演男演員或女演員。

以個人經驗來說，我很喜歡外表清爽又充滿活力的松岡修造（譯註：生於一九六七年，曾為知名網球選手，現今在演藝圈發展），因此在和別人見面時，我會想像松岡修造的形象，努力表現出這樣的一面，於是我不再是內藤誼人，而是自己表現出的松岡修造。

雖然真正的我膽小又怕生，但是從來沒有人發現這件事，因為我與他們見面時，徹底化身為松岡修造了。總而言之，**訣竅就是選定符合自己理想的人物範本，再徹底**

複製那個人。

有個戲劇技巧叫做「史坦尼斯拉夫斯基體系」，是俄羅斯表演理論家史坦尼斯拉夫斯基（Constantin Stanislavski，一八六三—一九三八）提倡的方法。舉例來說，要飾演莎士比亞名劇中的國王，必須想像自己就是國王，再加以詮釋演出，就能展現出完美化身為國王的演技。

心理學也發現，想像一個範本再行動，是一種很好的方法。比方說，在腦海中鮮明地描繪出「堅強的自己、充滿自信的自己、無所畏懼的自己」，再成為這個人物。

初次見面時，對方根本不知道你是什麼樣的人。如果你扮演個性開朗的人，對方就認為你是開朗的人。在你創造出這樣的第一印象之後，對方會一直覺得你是個開朗的人。

由此可知，我們不需要改變與生俱來的個性，然而在和別人見面時，至少得具備表演精神。一直維持開朗的個性也許會很痛苦，但若是在和人見面大約三十分鐘至一小時左右的期間，扮演開朗的人，應該還可以忍耐。

東京迪士尼樂園的員工在與遊客接觸時都很開朗，是因為所有員工都是天生開朗的人嗎？不可能吧。他們應該只有在登台時展露最燦爛的笑容，而在離開舞台（也就是下台）後，便回到自己原本的狀態。

所以，當不了社交高手也沒關係，至少要假裝社交高手。俗語說「弄假成真」，假裝久了，說不定真的能變成高手。

10 稱讚對方時不只開口說，更要豎起拇指比個「讚」！

雖然我們與歐美人士不一樣，說話時沒有什麼肢體動作，但我建議大家最好展現出更多的誇張反應。訣竅就是不要覺得不好意思，要光明正大地做。

每個人在和別人見面時都是演員，你只要把自己當成演員，自然而然就能做出誇張的反應。舉例來說，想說「OK」時，不只用嘴巴講，還要是用食指與大拇指比個圓圈，向對方做個手勢，效果會更好。

讚美部屬時，光用嘴巴說：「你做得不錯」，對方或許能感受到你的喜悅，但**如果你豎起大拇指比個讚，伸到他面前，然後大聲說：「你做得不錯」，他一定會更開心**。

當我們看到對方表達好意時，也會對他產生好感，心理學將此稱為「**表態效果**」。

美國德克薩斯基督教大學的泰勒（Cheryl Taylor）經由實驗證明，以手指比出ＯＫ手勢，或是豎起雙手大拇指比讚的人，好感度會高於完全不做這種手勢的人。因此，肢體動作誇張一點比較好。

稍微誇張一點的肢體動作，其實是恰到好處，因此你覺得似乎有點浮誇的程度，才是剛剛好。事實上，不論是電視還是電影，演員的演技多半都很誇張。

你動作做得越大，對方會越感動，所有動作都是如此。你拍手時，不要只是輕輕摸兩、三下，必須用力擊掌，非常盛情地激動拍手，對方看了才會喜悅。

當你與客戶在ＫＴＶ唱歌之際，請務必用力鼓掌。只要這樣做，大多數的人都會感動萬分。說再見時，你輕輕點頭說「再見」還不夠，要大動作揮動手臂，才能讓對方知道：「我很喜歡和你在一起。」**當對方往前走了幾步，又驀然回首時，你再一次用力揮手，他必定會對你產生好感**。

總而言之，動作要大一點，這是非常重要的。

11 工作能力強的人「賣萌耍笨」，反而展現特殊魅力

優秀員工多半都有「因為表現優異，以至於無法和他人打成一片」的慘痛經驗。有的一般員工會說：

「你和我是不同世界的人……。」

「我和你不一樣，只是個普通人……。」

優秀員工聽到這種話，更難和對方融洽相處了。

當同事一起去喝酒時，很少會邀約頂尖優秀的人，因為大家直覺認為，頂尖高手和笨蛋集團一起喝酒，應該不會開心吧。

由此可知，厲害的人也有自己的煩惱，尋常人不知道他們吃了多少苦。

能幹優秀的人必須儘量收斂自己表現出眾的部分。所謂「真人不露相」，否則很難在這個社會中好好生存下去。

美國凱斯西儲大學的艾克斯萊恩（Julie Exline），設計一場造假的學力測驗，當她對某位學生說「你幾乎得到滿分」時，其他學生會表現出羨慕、嫉妒，並且敬而遠之。

艾克斯萊恩指出，深信自己能力優秀的學生很清楚周遭對自己的態度，他們不喜歡那種感覺，因此主動與大家保持距離。

優秀的人因為表現優異，很容易遭受排擠。那麼，如何成為溫暖討喜的人呢？

其實，解決方法很簡單，就是刻意耍笨來維持平衡。**當你顯露出自己笨拙的一面，別人會覺得你容易親近，而不是生活在另一個世界的人，才會願意與你相處。**

平常表現優異的人一旦耍笨，會讓人感覺落差更大，反而展現出特殊的魅力。舉例來說，北野武雖然已是世界知名的大導演，但原本是搞笑藝人。以前他搞笑時經常被自己的腳絆倒（這是我最愛的橋段），如今偶爾還是會秀這個橋段。我認為這就是他的迷人之處。

也就是說，北野武的耍笨舉止，突顯出與他傑出電影導演身分之間的落差，讓大家感受到他的獨特魅力。

12

多和大家一起照相，把握提升人氣的機會

男性通常很少拍照，但女性都很愛拍照。尤其是女孩子在一起時，總是拍個不停。

在遊樂場裡，如果有擺設拍大頭貼的攝影機台，幾乎百分之百都是女性在使用。偶爾會看到男性在附近遊走觀望，不過他們應該都是被女朋友拉來的。

男性很不擅長照相，面對鏡頭不知道該怎麼笑，也拍不出上相的照片，往往只會覺得很丟臉。不過，對男性來說，照相還是有其好處，因為一起照相可以讓大家的感情變得更好。

加拿大阿爾伯塔大學的伯吉斯（Mark Burgess），將參與實驗的男性與女性隨機

分為兩兩一組，有的是同性在一組，有的則是異性在一組，然後讓他們一起拍照。

之後，**詢問他們對於合照同伴，感受到的魅力、親近及友好的程度。結果顯示，一起照相後，通常會給予對方很好的評價**。

因為兩人在照相時，有時身體會靠近，有時還要把臉湊在一起，於是感覺更加親密，而且一起照相還能留下回憶。基於這些原因，一起拍照能為雙方的感情加溫。

兩個男性一起照相，或許感覺有點彆扭，但只要主動開口：「我想放在部落格，可以和我一起照張相嗎？」就能自然地化解尷尬。

最近，舉辦員工旅遊的公司越來越少了。而且，以前同事之間會一起拍團體照，但最近很少人拍攝了。這或許是導致最近職場人際關係緊繃的原因。

如果公司認真籌辦員工旅遊，同事之間呼朋引伴拍攝團體照，加洗後發給大家，那麼職場氣氛通常都會不錯。這就是一起照相帶來的效果。

不必一定要嶄露完美無瑕的笑容。各位別害羞，想和誰培養感情，去找他一起照相就對了。

好不容易大家要一起照相時，有些人（通常是男性）卻總是說「我……不用了」，就直接溜走，於是錯過難得的好機會。

專欄

別擔心怎麼和人相處，學會方法更要放膽去做

也許有人表示：「我讀過一百本交往術的書！」閱讀很多書確實是件好事，但過猶不及是個普遍的道理。

在學習許多交往技巧時，自然很清楚「和別人交往的可怕之處或是困難點」。結果會如何呢？難得認真學習許多技巧，結果反而蒙受其害，對於和別人來往裹足不前。

心理學有一個知名的「達克效應」（D-K effect，全稱為「鄧寧—克魯格效應」），由美國康乃爾大學鄧寧（David Dunning）與克魯格（Justin Kruger）共同命名，是指「無知能給人自信」。

舉例來說，我們在學習騎馬、長笛、游泳時，剛開始都覺得很簡單。這是因為不知道自己要從事的事情有多麼困難，才會充滿自信。

事實上，這些活動的難度都很高，而我們因為無知，沒有察覺其中的難處，於是大膽地挑戰與嘗試，最終獲得成功。

對人際交往完全無知的人在與別人交往時，不知道其可怕之處，但正因為他們不會害怕，才能積極地與人交往。於是在不知不覺中，學習到人際交往術，並且日益精進。所以，在和別人交往時，重要的不是學習而是具體實踐。

本書介紹了許多技巧，但希望各位不要只在書上畫線、記住內容，而要貫徹「實踐至上」的原則。衷心企盼大家不是只埋首於學習方法，而是將交往技巧轉化為自己內在的一部分。

重點整理

- 你認識的人當中，至少有兩成對你抱持好感，換句話說，每十個人就有兩個人喜歡你。
- 比起沉著冷靜、面不改色的人，滿臉通紅、害羞的人更容易留下好印象。
- 如果你只有負面想法，最好閉上嘴巴，沉默不語會比較好。
- 和別人見面時，請告訴自己：我要見的是心儀多時的偶像或歌手。
- 要一直維持開朗也許很痛苦，若是在與別人見面大約三十分鐘至一小時的期間，扮演開朗的人，應該能做到。
- 當你顯露自己笨拙的一面，其他人會覺得容易親近，樂意與你相處。

※編輯部整理

NOTE

NOTE

第 2 章

用微狡猾「說話」技巧，敲開對方的心房

1 口才好的人總是偷偷蒐集話題，避免冷場

聊天聊到一半，難免有突然冷場的時刻。法國人將這個瞬間稱為「天使路過」，但我們大多數人往往無法那麼優雅，而是陷入恐慌，心裡想著：

「為什麼對話中斷了？」

「這段沉默時間怎麼如此煎熬？」

其實原因很簡單，就是準備不充分。**當你準備的話題不夠多，將造成對話中斷。**和別人見面時，講到一半沒話題是很常見的事，所以聰明的人必定會事先準備很多話題。

如果預期很可能發生冷場的情況，就會先多準備一些話題。令人意外的是，許多人都不曾想到這一點，一直等到沒話可聊，才開始思考：「哇，怎麼辦？」

那麼，為什麼事前不準備呢？真是令人費解。

日本知名相聲家、節目主持人笑福亭鶴瓶，**平常就有隨時記下話題的習慣**，而且這個習慣已經維持幾十年，因此他總是能說出一些讓人發笑、十分有趣的梗。笑福亭鶴瓶絕不會只憑臨場反應，若沒有事先構思，就不會這麼好笑。

總而言之，不冷場的關鍵在於事前準備。如果事先不做準備，聊天就會遇到冷場而令人發慌。從事業務工作的人往往會在這個時間點，遭到顧客拒絕。

紐約大學的萊德曼（Michael Tillis Lederman）表示，在展開對話之前，應該多準備幾個話題，以免對話中斷。不過，我認為**應該準備多到用不完的話題**。如果只準備兩、三個，可能到時候根本不夠用。

備妥多到用不完的話題，至少不會遇到話題用光光的窘境。也許，有些沒聊到的話題可以下次再用，或是用在別人身上，絕對不會是做白工。

不擅長說話的人通常是因為自己準備不充分。**大家必須理解，沒有準備任何話題，就像赤手空拳上戰場，是十分危險的行為。**

對話前備足充分的彈藥，才能放心與別人聊天，如果完全不準備，可能會心驚膽跳，擔憂接下來要聊什麼，而陷入不知所措的窘境。

2 人人都愛聊八卦，所以你偶爾也要參一腳

據聞，英國作家亨利．菲爾丁（Henry Fielding，譯註：一七〇七—一七五四，代表作為小說《湯姆．瓊斯》）曾說：「紅茶搭配別人的感情和八卦，品嚐起來最美味。」

這句話說得一點也沒錯，因為感情（緋聞）是大家最有興趣的話題。每一天，報章雜誌、電視談話節目，幾乎都要討論藝人的緋聞、外遇、離婚，這就是大家很關心別人感情世界的證據。

如果不知道應該與對方聊什麼，就聊聊某個人的風花雪月。對方大概會豎起耳朵，認真聽你說話。或者，偶爾說說八卦也不錯，據說人類最感興趣的事就是別人的家務事，因此想找話題時，就聊聊其他人的八卦。

其實，園藝興趣、運動、工作並不是很糟糕的話題，只是內容很容易讓人打呵欠，而「我們部門的那個某某人啊……」這種內容，絕對能帶動氣氛。

美國東北大學的列文（Jack Levin）曾在某個貴賓室裡，偷偷聽訪客聊天，並整理成研究結果。他利用八週的時間，於上午十一點至下午兩點的三小時內，在貴賓室裡觀察，結果發現：**女性對話的七一%、男性對話的六四%，都在聊別人的八卦**。

由此可知，我們最喜歡這種話題。但是，如果你說的八卦主角是周遭的人，請務必謹慎一點，因為八卦說得太過火，等同於誹謗與中傷當事人，若傳進本人耳裡，也許你會被貼上「在背地裡講別人的壞話」的標籤。因此，聊八卦時，最好別講太多你認識的人，選擇與你無關的藝人或名人是最保險的作法。

就安全層面來說，聊自己的事也是很好的選項，例如**自己國中時期談過的戀愛等等，就不會對其他人造成傷害**。

你也可以改編一些有趣的故事當成話題，不論是否真有其事。我也會把從朋友那裡聽來的訊息，彙整成為自己的故事。畢竟，聊自己的故事不會給其他人增添困擾。

3 不論閒聊還是訓話，最好「意猶未盡」就中斷

在與其他人談事情時，內容越精簡，他們越喜歡。一般來說，討人厭的人講話總是又臭又長。**「我想講話」**、**「不想聽別人的話題」**，才是人們內心真正所想的，因此最好儘量縮短自己講話的時間。

在學校也是如此，學生通常會討厭下課鐘響還繼續講課的老師，他們絕對不會覺得：「都已經下課了，他還在教學，真是個熱心的好老師！」

北愛爾蘭阿爾斯特技術學院研究所的心理學家哈吉（Owen Hargie）認為，**自己不太說話、把時間留給學生說的老師所教出的學生，較為熱情、積極，成績也比較好**。其實，學生本來就不喜歡聽老師一直講個不停。

踏入社會之後，有很多不得不說話的場合，例如：演講、朝會、會議報告等，這

時候內容越短越好。以前，有位日本首相在過年只講一句「新年快樂」就結束，其實這樣就夠了。

開會時，有些人一點也不懂得大家的心理，喜歡朗誦資料內容，但是誰會想聽這種報告呢？

向部屬訓話也是同樣的道理，一句話就夠了。能幹的部屬會自行反省與改進，你本來就不需要訓話，而對於能力差的部屬，不論你訓斥什麼，他只會當成耳邊風，根本沒有意義。既然訓話只會造成負面情緒，還是短一點比較好。

還有，人們總是說，吃飯時讓人意猶未盡的餐點最美味。即使佳餚再怎麼好吃，一旦吃太多，就會覺得再也不想吃了，只有在還沒滿足時，才會想再多吃一些。

與別人聊天時也是如此，覺得意猶未盡才是最剛好的程度，而一般人總是敗在話講太多。

我們大多以為討人喜歡的人話比較多，其實他們本身不太說話。日本知名主持人塔摩利就是很好的例子，他看起來好像講了很多話，但其實他讓來賓講了更多話。

說話不有趣其實沒什麼關係。先拋出對方可能會感興趣的問題，接下來扮演傾聽者的角色即可，這是人際交往術的鐵則。

4 稍微提高說話音調，聽起來悅耳又突顯存在感

我曾在拙作《「溫暖討喜」的厚黑學》中提到，平常與人交談時，要留意儘量用「So」或「Ra」的音階，也就是稍微提高音調，因為稍高的音調聽起來比較悅耳。

我們平常講話時，音階通常有高有低，不過多半落在「Mi」的位置。然而，這個音階太低，很難聽得清楚，而且會產生一種陰沉的印象。

當一個人覺得開心時，聲音會提高到「So」或「Ra」，因此用「So」或「Ra」的聲音說話，會讓人覺得你心情很好，營造出開朗愉快的氛圍。

然而，當我們興趣缺缺或是生病時，聲音會降到「Do」或「Re」。也就是說，一旦失去活力，音階便隨之降低。因此，聲音低沉的人難免給人病懨懨的印象。由此可知，說話時提高音調，確實比較受歡迎。

聲音訓練師福島英在著作《人見人愛的聲音》中，建議大家用「So」的音階說話，而溫暖討喜的人確實聲音都比較高。

以前有人認為：「嗓音低沉的男性給人感覺很穩重，好酷哦」、「低沉的聲音感覺比較成熟」，但在現今這個時代，情況已經不一樣。實際上，**嗓音低沉的男性會讓人留下不起眼的負面印象**。

當你在外跑完業務回到公司時，若是低沉地說：「我回來了」，同事聽到你的聲音，應該會覺得你今天沒談成生意（即便你已成功拿下訂單），或是你累到極點，能量已經耗盡。

因此，你進入公司時，要稍微提高音調大聲說：「我回來了！」這可以讓其他人心情愉快。即使你沒有拿到訂單，最後以失敗告終，也要用開朗、深富感情的聲音打聲招呼，這可以鼓舞大家的士氣。

聲音原本就低沉的人最好儘量大聲說話，因為有可能是說話太小聲，導致聲音聽起來很低沉。

另外，**到KTV唱歌時，不妨多選一些高音的歌曲來練習。**多練習幾次之後，即使音色低沉渾厚的人，也能發出高音。

5 期望貴人運滿滿，得用充滿活力的音量講話

「只要有元氣，一切便沒問題」，是安東尼奧・豬木（譯註：曾為摔角選手，現為藝人）的梗，而提到討喜的人有什麼特徵，講話充滿活力就是其中之一。

愛荷華大學的朱爾斯（Sean Jules）經由實驗確認，下列的說話方式會給人不可靠、不值得信賴的印象。

①眼神飄忽不定。
②說話的時候經常摸臉。
③說話的時候一直喘氣。
④常用「欸……」、「那個……」

由此可知，說話沒精神只會得到負面評價。

講話聲音像蚊子一樣的人，不可能討人喜歡。如果人們必須問說話者很多次，才知道他在講什麼，也不可能喜歡他。因此，想要受人歡迎、有貴人運，首先要注意說話的音量。請養成習慣，在開啟話題、陳述道理之前，先大聲說話。

反過來說，只要大聲說話，即使話題有點無聊，還是能獲得不錯的評價。

打招呼也是如此，講話小聲的人無法透過打招呼來打動人心。

我曾經聽過一個例子，有個人被周遭的人討厭：「他居然不向前輩打招呼」，但其實他有打招呼，只是聲音太小。

聲音傳不進對方耳裡，就稱不上是打招呼，問題當然出在聲音太小的人身上。講話音量放大一些，對方聽得比較清楚，因此大家通常會認為說話大聲的人擅長說話。由此可知，講話小聲會帶來負面影響，講話太大聲絕不是一件壞事。

由於講話太大聲不會造成什麼困擾，因此請各位努力成為職場裡講話聲音最大的人。

6 不要把好感與謝意藏在心裡，全部都要說出口

如果你萌生喜歡某個人的情感，請一定要說出口，將心意告訴對方。感謝的心情也是如此，只要你心懷感恩，請不要悶在心裡，說出來包準沒有錯。例如：

「謝謝你，幫了我不少忙。」

「我最喜歡○先生這種沒心機的好人了。」

「我很喜歡○小姐的這一點。」

對方不會知道你默默藏在心裡的好感與謝意，因為他接收不到，於是你不說出口的情感就成為祕密，與不存在沒什麼兩樣。

日本人最喜歡暗戀或是單相思，**但是沒把情感說出口根本沒有意義**。我實在難以理解，若是有那麼一丁點高興、愉快、感激、喜悅之情，為什麼不告訴對方呢？與其把感情暗暗藏在心底，不如告訴對方，他應該會感到開心。對方不是心理學家，也不會讀心術，你千萬不要以為他會明白你放在心裡的話，所以你必須講出來、說清楚。

我們無法解讀人心。雖然可以從微妙的表情變化、一些小動作，判斷對方也許對自己抱持好感，但一般來說，不知道才是正常的。

尤其日本人的感情更是難懂。金兩基在著作《像能劇面具般的日本人》中提到，英國、義大利等外國人難以理解日本人的表情。雖然我是日本人，有時候也覺得很難理解。

六三%的英國人能正確判讀英國人的表情，了解對方的情緒，六二%的義大利人能正確判讀義大利人的表情，但是日本人看日本人時，只有四五%可以正確知道對方的情感。日本人不僅不會把感情說出口，也不會顯露在臉上，因此更難理解。

既然你不是說對方的壞話，而是對方聽了會高興的話，請別客氣、儘量開口。對方聽到你把話說出來，肯定很開心。

有些男性明明長得不怎麼樣，卻是桃花朵朵開，這種人通常是「想到什麼就說什麼」的類型。事實上，其貌不揚卻人緣很好的人，經常把「妳好可愛」、「妳的眼睛好大，好像洋娃娃」這類的話掛在嘴邊，所以才會有好人緣。

一定要將喜歡的感情說出口，因為好不容易才想到一些對方聽了會很開心的話，不說出來實在太可惜了。

7 聚餐別在意卡路里和味道，只要稱讚「好吃」就對了！

沒有人喜歡聽別人發牢騷、宣洩不滿情緒、抱怨，或是講其他人的壞話。因此，總是把負面情緒的字句掛在嘴邊，絕對會惹人討厭，例如：

「為什麼每天都這麼熱！」

「工作實在很多，煩死了！」

大家聽到這樣的碎碎唸，必定會悄悄在心裡扣分數，因此你必須下定決心，絕口不提負面情緒的字眼。

美國北卡羅萊納州威克森林大學的萊利（Mark Leary），分析每個人都討厭的對話，結果**第一名是不停抱怨**。可見得，發牢騷與抱怨只會惹人嫌。

在與別人一起用餐時也一樣。不論在哪裡享用餐點，絕對不能說出負面字眼。品嚐美食時，一邊說「好吃」、一邊享用，才是正確的方式。

用餐時，說「這個真好吃」並面帶微笑，能讓同行的人感到很愉快，至少對方心情會比聽你抱怨「這什麼東西，有夠難吃」好多了。

為什麼要和其他人一起用餐呢？是為了更熟悉對方，讓彼此更加親密，這是最重要的目的。

如果只是為了填飽肚子，不需要特地找其他人一起吃飯。依據優先順序來說，填飽肚子是敬陪末座的原因。和別人一起吃飯，最重要的原因是與對方增進感情，所以「好難吃」這種話絕對不能說出口。

在和別人一起吃飯時，不要管味道和熱量，只要連連稱讚「好吃」，吃得津津有味就行了。這樣做可以為彼此帶來好心情。

同樣地，除了餐點之外，**對於店內氣氛或是店員服務態度，也是講好話就好**。你即使心裡想：「這家餐廳離車站好遠，真是不方便」、「店員怎麼都沒有笑容」，也千萬別說出來。你只能說正面、好聽的話，例如：

「雖然這家餐廳離車站很遠，感覺很像祕密基地耶。」

「店員有職人的氣質，都默默工作呢。」

8 用佛洛伊德的「掃煙囪法」，發洩心中的鬱悶

以《湯姆歷險記》舉世聞名的美國作家馬克・吐溫，經常收到許多讀者來信。大部分都是讚美的信件，但其中也有令人生氣或是無法認同的批評。

馬克・吐溫收到令人生氣的信件之後，會逐一回信反駁，但是他從未因此與讀者發生口角。這究竟是怎麼一回事？

原來，馬克・吐溫的妻子從未將回信寄出去，而是全部都丟掉。由於這些反駁的信都沒有寄到對方手上，自然沒有鬧出什麼紛爭。

我們無法避免那些讓人生氣的事，而且也不能向對方宣洩。一旦做出這種事，人際關係必定會一團糟。因此，千萬別直接跟對方說：

「你這種個性，我就是看不順眼！」

「我很討厭你這樣！」

話說回來，我不是建議大家把話憋在心裡。當不滿的情緒快要爆發時，別對當事人說，不妨向無關的人發洩。

舉例來說，可以向酒館老闆抱怨，或是對酒店媽媽桑發發牢騷。由於聽顧客傾吐不快本來就是這些人的工作，因此他們會耐著性子傾聽。**這或許得花一點錢，但至少不會惹出麻煩**。

如果你已婚，也可以抱怨給老婆聽，只不過她有時候會受不了。所以，找酒館的人發發牢騷，雖然得花一點錢，仍然是最好的辦法。

向人傾吐心裡想說的話，能夠把鬱悶心情一掃而空。精神分析學家佛洛伊德（Sigmund Freud）稱這個方法為「**掃煙囪法**」。換句話說，**向無關緊要的人傾訴不滿，可以把內心的煙囪打掃乾淨**。而且，酒店媽媽桑、酒吧老闆早就習慣聽顧客抱怨，說不定還能給你一些中肯的建議。

當你與別人往來時，無可避免一定會發生一些不愉快，你即便心裡不高興，最好不要直接向對方說，因為這樣做只會破壞雙方的關係。

如果有不滿與抱怨，找個無關的人聊一聊就好，因為他們不是當事人，可以用冷靜、客觀的角度，提出各種有用的建議。

9 「貶損才是愛」，吐槽鬥嘴能使彼此感情更好

當你聊天時，絕對不能講別人的壞話，但例外的情況是直接對本人說，就不會有問題了。

私底下偷偷講壞話顯得十分陰險，若是直接面對當事人講清楚，反而會有直爽乾脆的感覺。

如果雙方能互開玩笑，就成為鬥嘴而不是說壞話。假如你們可以一起笑笑鬧鬧，自然是多多益善，因為雙方的關係已經熟到無話不聊的程度，才能夠這樣。

義大利北方倫巴底（Lombardia）與南方卡拉布里亞（Calabrese）的居民，經常在酒店批評對方，這是因為他們的感情特別好。

故意與對方拌嘴，可以舒緩雙方劍拔弩張的情緒。難道只有因為感情不好才會吵

架嗎？其實倒也未必。

舉例來說，早稻田大學與慶應大學，不論是在學業還是運動方面，經常都在互比高下，而且學生也會說對方的壞話，然而他們應該是打從心底認同對方，才會這樣做。這絕對不是一場惡鬥。

如果感情真的不好，會是什麼情況呢？兩個人將相敬如冰。

夫妻也是如是，如果兩人還會鬥嘴、互罵，表示感情沒有問題，因為這正是感情好的象徵。如果夫妻關係真的降到冰點，兩個人大概完全不交談，或是背地裡說些狠毒的壞話。

佛羅里達州立大學的康米（Ben Conmy）認為，怒吼與說壞話都是好事。雖然不能講別人的壞話，但直接對本人說就沒問題了。

兩個人如果能像下述這樣拌嘴，多吵幾次都沒問題，因為越吵，關係越密切。

「我最討厭你○○的地方了。」

「我也很討厭你□□的個性啊。」

當然，即便雙方關係再怎麼好，也有不應該說的話，像是批評對方的父母等等。除此之外，再怎麼鬥嘴都無傷大雅。

溫暖討喜的人不僅擅長讚美別人，也很會貶損別人。舉例來說，溫暖討喜的男生對女生說：「雖然妳的長相不令人驚豔，不過菜怎麼煮得這麼好吃啊」，對方聽了通常會心花怒放。

或許尺度不太好拿捏，但請記得一件事：不論是鬥嘴還是講壞話，只要在本人面前說，都不會有什麼問題。

10 用詞粗俗不雅，只會令人覺得「沒格調」

講話用字粗俗不雅的人通常都很討人厭，踏入社會之後，若還在用學生時期的不雅用語，大概是還不了解社會的本質。

刻意選用減損氣質的不雅字句，對自己根本沒好處。講話還是越客氣越好，千萬別說「哇靠，超好吃的呢！」，而要說「真好吃啊！」，才能確實提升你的評價。

美國天主教大學的心理學家帕拉迪斯（Louis Paradise）曾拍攝一段影片，介紹用詞不雅的心理諮商師與談吐文雅的心理諮商師，然後請七十二名大學生欣賞，並詢問他們的看法。

用詞不雅的心理諮商師的對話中，「媽的、靠、幹」不絕於耳，結果學生對這個人的印象非常差。據說，歐洲人可以從一個人的談吐，判斷他是否為上流階級，在日本也有某種程度的共通點。

講話粗俗不雅，只會給人「教養不好」、「品性惡劣」感覺，請務必留意。

加州大學的費思特（Lisa Fast）認為，我們會從一個人的遣辭用句，判斷對方的人格。**當某人使用不雅措詞時，不論他的心地多麼善良，都會讓人留下沒格調的印象。**

我在大學擔任客座教授，指導學生時講話的語氣會很客氣。我認為遣辭用句客氣有禮，會呈現出美好的氣質，獲得迷人的評價，而且這樣的學生也比較吃香。學生聽了我的話之後，都深表認同。

如果在遣辭用句上吃悶虧，實在非常可惜。不論你多麼有魅力，講話低俗必然獲得不好的評價。講話客氣、不出錯、運用自如，才能算是獨當一面的社會人士。相反地，**講話隨便、粗鄙的人只稱得上半調子。**

11 絕口不提當年勇，因為自吹自擂很惹人厭

人們進行自我介紹時，經常把焦點放在過去的功績上，不過我非常不建議這個作法。倒是討論未來的自己，像是潛力或是未來的願望，反而比較討喜。

在面試時，人們喜歡宣揚自己的豐功偉業，不停炫耀當年勇，例如：

「我得過〇〇獎喔。」

「我以前成功推動△△企畫。」

這些話聽起來實在讓人不舒服。因此，不要介紹過去的自己，而是將焦點放在未來，像是下述的自我介紹比較能贏得面試官的青睞。

「我打算挑戰〇〇獎。」

「我想要成功推動△△企畫。」

史丹佛大學的托馬拉（Zakary Tormala）進行一項實驗，請大家把自己當成NBA的經理人，為某個選手評分。同時還準備兩種履歷表，一種是講述功績，例如：「這五年來，我平均每場比賽獲得□分」，另一種則是展現潛能，寫著：「未來五年，我將平均每場比賽獲得□分。」

然後，請實驗者閱讀這兩份履歷表，並問他們打算付給選手多少年薪。據說，他們打算付給炫耀成績的選手四百二十六萬美元，付給展現潛能的選手五百二十五萬美元。

從這個實驗中，我們可以發現，**放眼未來、展現潛能的人所獲得的評價，高於講述過去功績的人。**

當某人講述功績時，容易被別人當成愛炫耀，對方心裡會想：

「你是很優秀啦，但我就是不太喜歡。」

「有功績很厲害，不過自說自誇有點討厭。」

結果，講述功績的人只會樹立敵人。因此，即使過去曾經立下豐功偉業，還是少提一點比較好。比起提到當年勇，敘述自己的未來，例如：想做什麼事、想成為什麼樣的人，會比較討人喜歡。

在居酒屋裡，**經常看到高聲談論自己過往榮耀、自吹自擂的人。一般來說，這些人多半都已經過氣了**。

總而言之，好漢不提當年勇，重點在於展現自己的未來。

專欄

為什麼主動和其他人攀談，會比較討喜？

別人對你有多少好感，取決於你和他說過多少話。簡單地說，你向對方搭話的多寡，與他對你的好感成正比。

假設你和A一天平均說五次話，和B一天平均說二十次話。由於你和B說過的話是和A說過的四倍，因此B對你的好感應該是A對你的四倍，這是心理學上可以預測的。

根據德州大學賈汶葩（Sirkka Jarvenpaa）的研究，溝通量與對方的信賴及喜愛成正比。他調查郵件往返的狀況，發現書寫及寄送大量郵件的人比較討人喜歡，相對地，很少主動發送郵件的人不怎麼討喜。

因此，像下述這樣先生長、先生短，比較容易贏得對方的好感：

「〇〇先生，你聽過這個嗎？」

「〇〇小姐，你喜歡這種樣式的嗎？」

如同口香糖一樣黏著對方，不停地說「〇〇先生、〇〇小姐」，或許會讓對方覺得有點煩，但是他不會討厭你，反而覺得你很可愛。

為人父母者都知道，兩、三歲的小孩非常可愛，因為他們總是不停地叫「媽媽」、「爸爸」，一直找父母講話。

小孩子對什麼都很感興趣，對什麼事都要問，讓人覺得很頭疼。父母或許覺得很煩，但是會把和自己講話的孩子當成心肝寶貝。

如果你認為「哪有那麼多話題好聊」，那麼打招呼也可以。不需要閒聊很久，講一、兩句話就夠了，或者簡短打聲招呼也可以：

「〇〇先生，我出去跑業務了。」

「〇〇先生，我回來了。」

你不主動打招呼，只等著對方向你打招呼，是最糟糕的情況，而「守株待兔」寓言便是很好的例子。當農夫心不在焉地看著被砍斷的樹木時，有隻兔子跑過來，居然一頭撞在樹幹上就死了，讓農夫不勞而獲。後來，他什麼工作都不做，一直在樹幹前面等待。

我們不要像這位農夫，以為自己不主動向別人攀談，對方也會找你說話。如果你一直期待別人與你講話，人際關係不會有什麼進展。總而言之，關鍵在於自己必須主動出擊。

重點整理

- 談話時只有兩、三個題材，可能根本不夠用，要準備多到用不完的話題。
- 聊八卦時，最好不要談周遭人的事，而是以藝人、名人或是自己的事當做話題。
- 大家總是以為人緣好的人話比較多，其實他們本身不太說話。
- 和人聚餐時，別管餐點的味道或熱量，只要頻頻稱讚「好吃」就行了，這會為彼此帶來好心情。
- 想將不滿的情緒一吐為快時，不要對當事人說，而是向無關的人發洩。
- 如果雙方可以互相開玩笑，就變成鬥嘴，而不是說壞話。
- 使用不雅措詞的人，即便心地多麼善良，都會給人沒格調的印象。
- 放眼未來、展現潛能的人所獲得的評價，高於講述過去功績的人。

※編輯部整理

NOTE

NOTE

第3章

微狡猾「交際」技巧，讓你獲得主管信任

1 當個Yes Man或變色龍，升遷速度快人一等

不論主管說什麼，總是附和「沒錯」的人，就是人們俗稱的「遵命先生（Yes Man）」。一旦主管開口，他們從來不反駁，立刻點頭如搗蒜，回應：「您說得對！」

閱讀商管書籍與財經雜誌時，通常會看到以下的神勇建議：

「千萬別成為遵命先生。」

「要當個勇於表現自己的人。」

「別害怕和別人起衝突。」

但是，我認為當個遵命先生很好。堅持附和到底，是人際交往術的基本原則。配合對方有什麼不好？到底哪裡有問題？

站在主管的立場思考，相較於總是反抗自己的部屬，凡事都贊同自己意見的部屬可愛多了。

每當主管發言，你就附和說：「對，我也是這麼想」，並非什麼罪大惡極的事。這可以讓你與主管的關係更圓融，工作推展也暢行無阻，不是很棒嗎？

與顧客之間的關係也是如此，不論對方說什麼，只要你回答：「是，我也這麼想」，顧客必定會喜歡你。對顧客而言，與其聽到「才不是這樣」的反對意見，你的贊同肯定會帶給他一百萬倍的喜悅。

財經雜誌經常寫道：「當個遵命先生沒有出頭的機會」，其實根本無憑無據。相反地，我知道更多「應聲蟲出頭天」的案例。

賓州州立大學的基爾杜夫（Martin Kilduff）發表一篇名為〈變色龍比較容易升官？〉的論文，他把會依據對象改變自己態度和意見的人，稱為「變色龍」。

基爾杜夫以兩百零九位畢業生為對象（皆取得ＭＢＡ學位），在他們踏入公司之後，進行為期五年的追蹤調查。

結果發現：**像變色龍一樣隨時改變自己態度的人，比較容易升遷**。相較於堅持自我主張，社會人士更需要具有「視狀況調整態度」的資質。

由此可知，變色龍也就是附和主管的遵命先生，不僅不會遭遇「沒有出頭天」的問題，而且升官速度還高人一等。

因此，請各位放心當個應聲蟲，這樣做不但不會與別人發生衝突，還能贏得好評價。

2 「態度相似性法則」教你，別毫不掩飾個人意見

假設有人對你說：「放假的時候，我喜歡去釣魚」，而你卻回應：「釣魚哪裡好玩？不就是等魚上鉤嗎？」對方八成會露出不悅的表情。

在前文中，我建議各位對主管當個遵命先生。我認為不論對方是什麼人，**針對他的發言，包括意見、態度與信念，全都回答「我也是這麼想」，是最好的方法**。例如：

主管：「最近的年輕人啊，一點拚勁都沒有。」

部屬：「對啊，沒錯，真的是這樣。」

主管：「大家都說景氣好轉了，真的嗎？我怎麼沒感覺。」

部屬：「真的，我也沒感覺耶。」

主管：「你不覺得那家店有點貴嗎？」

部屬：「對啊，真的有點貴。」

就像這樣，不論對方說什麼，你全都點頭就好。對於無關緊要的小事，不需要坦承自己的看法。坦白說，在這個世界上，幾乎所有的事都是無關緊要的小事。

我們會對意見與自己相同的人產生好感，這就是「態度相似性法則」。

根據德州大學葛萊特利（Carole Golightly）的研究，如果自己與對方的態度和信念越一致（也就是相似性越高），自己對他會越有好感，甚至出現偏坦的行為。

明明是一些芝麻小事，假如對方反駁，難免讓人有點火大。舉例來說，我們聽到以下的話會生氣。

「我不這麼想。」

「我的看法和你不一樣……。」

本來就是無關緊要的芝麻小事，微笑點頭就行了。

當聽到有人說：「即使是夏天，我也愛喝熱咖啡」，你不需要特地反駁：「夏天絕對要喝冰咖啡才對味」，而是只要點頭附和並回應：「嗯，你說得對。」

3 商談時想獲得對方信賴與協助，先吃點虧也無妨

所謂「萬事起頭難」，這個道理一樣可以用在人際關係上。由於**第一印象會造成非常強烈的巨大影響**，絕對要特別留意。

剛認識時的不守時，與認識超過一年後的不守時，明明一樣都是不守時，對方的觀感卻完全不同。

剛認識時就失去信用，對方會覺得「這傢伙不行」、「這個人真糟糕」。因此，第一次見面時，絕對不能做出一些討人厭的行徑。當談判交涉之際，若在初期失去信用，對方將出現戒心，不會敞開心房。

所以，**剛開始認識時，自己先吃一點虧是最好的**，才能贏得對方的信任。

俄亥俄州立大學的羅恩特（Robert Lount, Jr.），請受測者進行三十次的模擬談判。在實驗當中，他安排協助實驗的暗樁與受測者一組。他事先與暗樁說好，在第一次或第二次，做出讓自身獲利、對方受損的背叛行為，或者在第十一次或第十二次，再做出背叛行為。

接下來，計算真正的受測者提供全面協助的比例。在第一次或第二次就遭到背叛的受測者，協助談判的比例為六九％，而到了**第十一次或第十二次才遭受背叛的受測者，協助談判的比例高達九二％**。

在第一次或第二次就遭到背叛的人，會心存疑慮與芥蒂，於是不肯再提供協助。但是，**等到交涉談判進行到某個程度時，即使遭到背叛仍然會儘量配合**。由此可知，如果對方一開始就對你失去信任感，會將這件事一直放在心上。

所以，剛認識時，必須特別留意不要做出背叛對方的行為。

4 有時對方客氣說「不需要」，其實是「有必要」！

雖然你妻子嘴巴上說：「明天是我們的結婚紀念日，不過不需要特別準備什麼喔」，但要是你真的認為「不需要準備什麼」，只能說你真是個蠢蛋。

當別人說「不需要」時，請你想成「有需要、有必要」，才是識時務者的正確態度。在剛才的例子中，如果你真的回答：「因為妳說不需要，所以我真的沒準備」，你妻子必定會失望透頂，覺得期待幻滅。

第一次拜訪朋友或是男女朋友的家，也要比照辦理。即使對方事前表示「不要帶伴手禮來」，你最好還是準備伴手禮。你可以說：「雖然你說不要帶禮物，可是我覺得這個果凍看起來很好吃，所以帶過來，希望不會給你添麻煩。」

因此，當對方說不需要時，請不要真的這樣認為，最好顛倒過來思考。即使辦公室的男生說：「準備巧克力太麻煩啦，今年的情人節，女生就別發什麼人情巧克力了」（譯註：日本的情人節習俗是由女性贈送巧克力給男性，對於非心儀對象的男性則送「人情巧克力」，感謝對方平日的照顧），女生仍然要解讀男生的真心話，準備人情巧克力，才能贏得讚賞。

原因在於，**人們即使真的想要，通常會故意說「不要」，先客氣一下**。所以，把對方的話當真，通常都會搞砸。把對方的話當真，也許是討人喜歡的老實，但太過老實則容易變成憨直。

對方說出口的未必是真心話，沒說出口的反而才是真心話。如果無法正確判斷對方的心思，便無法妥善因應。

他人真正的需求與我們解讀到的需求，有時候會出現落差，心理學將此稱為「溝通不良」。為了避免溝通不良，當對方說不需要時，你必須認為有需要。

雖然對方說「不用準備伴手禮」，你姑且還是買個小禮物，如此一來，**即使他真的覺得不需要，也不會發生困擾**。哪有人收到禮物時會不開心呢？

相反地，如果你聽到對方說「不用」，就真的沒有買伴手禮，但其實他很想要，你就麻煩了。所以，我再次強調：即使對方說不需要，你還是要當成有需要。

快過年時，即使同事說：「今年別再花工夫寄賀年卡吧」，為了保險起見，我想還是寄一下比較好。

5

刻意放過他人的小奸小惡，累積一點「人情債」

假設你在上班時間，看到辦公室的前輩在咖啡廳裡休息，或是你的公司規定上班時間不能喝酒，主管卻在中午時間小酌一番。請問你會怎麼做？

由於他們違反公司規定，正確作法應該是向上級報告。但是，我建議不要這樣做，發覺這點小違規，「睜一隻眼，閉一隻眼」才是正確的因應之道。**無論如何，都不能向高層或老闆舉發**。

人生在世，必定做過一、兩件違反規定的事。因此，請把小惡行當成理所當然，當做沒看到吧。假如連這種胸襟都沒有，表示器量還不夠宏大。

哈佛大學的莉莎・舒（Lisa Shu）出了二十道題目，答題的受測者最多可以領到十美元獎金。他將受測者分為兩組：一組是自我評量組，由他們自行計算分數，也就是說可以作弊，愛打幾分就打幾分；另一組是由實驗者代為評分，一切公事公辦。

結果發現：**自我評量組的五十六人當中，有十六人（三二%）在評分時作弊**。由此可知，在允許的情況下，不少人都會作弊。

我們沒辦法嚴以律己。其實，人類天性軟弱，只要有機可趁，難免會觸犯一些小規定。各位在工作時也可能混水摸魚，既然你自己都會這樣，當看到別人做出一些無傷大雅的違規行為時，請抱著「彼此彼此」的態度，放對方一馬。

此外，**可以讓對方欠你「人情債」**。最近，有些大企業偶爾會出現內部舉發的人，但是當告密者實在不符合日本人的本性，大家多半會恨之入骨地說：「可惡，他竟然是個抓耙仔！」

進行內部舉發的人或許覺得自己的行為是正確的，但是**在別人眼裡卻是一種背叛行為**。因此，當個你看到別人犯下小奸小惡時，最好還是假裝沒看見。

當然，如果整家公司從事大規模的犯罪，例如：逃漏稅、販賣危害生命安全的商品，情況就完全不同，你也只能舉發了。然而，你在舉發時必須有所覺悟。

至於蹺班這種程度的小事，希望你胸懷大度，不需要去告發對方。

6 不要為了無意義的正義感，成為別人口中的「抓耙子」

當看到某個人違反規定時，最好不要嚴厲批評，這是生而為人的溫情。有些辦公大樓的室內禁止吸菸，那麼在逃生梯的樓梯間抽菸，應該無傷大雅吧。

假如有人在那裡抽菸，還把菸蒂清理乾淨，應該不必被視為重大問題。各位覺得如何？連一點芝麻小事都要追究責任的人，有點小家子氣。

如果每個人都這樣做，你必須睜一隻眼、閉一隻眼，心想「算了吧」。譴責違規的人能贏得好評嗎？這是不可能的。相反地，其他人會一直嘀咕：「開口閉口都提規矩，真是受不了。」。

東南密蘇里州立大學的韋內齊亞諾（Louis Veneziano），秀出一份包含二十條違反社會規範的清單，詢問哪些可以視而不見。結果發現：六五・八%的人選擇忽視「違規超速」，四七・三%的人覺得不必追究「從事性交易」。

由此可知，只有少數人認為一旦違規就得受到嚴厲懲罰，而大部分的人都認為：「就算要罰，只要處以小額罰款即可。」因此，請寬容對待別人的罪過，千萬不要打著正義的旗號，去告發或是檢舉。

事實上，沒有人想要嚴格取締別人的行為。舉例來說，以前日本有一家冷藏倉儲公司，揭發雪印食品的造假行為。媒體對這種充滿勇氣的義舉讚譽有加，但該公司在二〇〇二年十一月落到停業的下場。

其原因在於，事件發生之後，這家冷藏倉儲公司拿到的訂單遽減，導致經營無以為繼。儘管該公司老闆的舉發行為十分勇敢，日本社會卻容不下這樣的密告者，反而認為這是一種背叛，非常要不得。

所以，即使發現主管拿公司的錢去吃吃喝喝，也最好不要檢舉他。如果你向老闆告狀，主管可能會挨罵、減薪，甚至被解雇，但是**公司對你的評價不會水漲船高，反**

而會一落千丈。

與其落到這種下場，不如私下對主管說：「偶爾也帶我一起去吃吃喝喝嘛」，再使個眼色，如此一來，你和主管的關係說不定會越來越密切。

7 即使面對後進與晚輩，也要保持謙遜的態度

上了年紀之後，難免會對年輕一輩擺出一副老鳥的姿態。尤其年紀漸長，通常也晉升到相當的職務、地位比較高，免不了展現出傲慢的態度。

「我可是前輩」、「我的職務比你高」這樣的心態，只會打壞人際關係。因此，**上了年紀後，更應該隨時提醒自己：保持謙遜的態度。**

西鄉隆盛（譯註：一八二八—一八七七，日本江戶時代末期的軍人、政治家，以及「維新三傑」之一）即使面對默默無聞的年輕訪客，也會親自送到玄關拜別，雙手交疊、低頭行禮並開口道謝：「非常感謝您來訪。」他之所以被稱為「西鄉殿下」，成為人人敬仰的對象，就是因為人品謙虛。

日本前首相田中角榮先生，不只對高級餐廳老闆娘十分客氣，還會向餐廳裡專門整理訪客鞋子的店員鞠躬。由於他個性謙虛、身段柔軟，就連公務員與其他政黨的人也很喜歡他。

加州州立大學的羅賓遜（Michael Robinson）製作三十三份人物檔案，交給大學生閱覽。他在人物檔案中，放入個性謙虛與個性傲慢的人物，結果發現大家都喜歡謙虛的人。

那麼，想要表現自己謙虛的一面，該怎麼做呢？

我認為最好的方法就是「遣辭用句」。一般來說，你有了部屬之後，叫喚他們時通常直呼姓名，或是前面加個「小」等等。

舉例來說，你可能會叫「王小明」或是「小王」，但是**只要加上「先生」或是「小姐」，就能讓人感受到你謙遜的態度**。

語言中有表達尊敬心意的詞彙和句型，當你對後進及部屬說話時，請不要口無遮攔，務必客氣謙和。

如此一來，對方聽了心情愉快，講話客氣的人也能留下高雅、有氣質的印象。聽說過去日本上流階層對兒女說話時，一樣非常客氣，我們應該效法他們的遣辭用句。

8 備受主管關愛的部屬，都擅長「複誦」的訣竅

在職場上，人們經常強調複誦的重要性，而且做事順暢、平步青雲的人通常都擅長複誦。

在與人相處時也是如此，**與對方約定重要事務時，請務必養成複誦、確認的習慣**。聽到別人提起下次見面的事，如果只是回答：「好，知道了」，對方可能會感到不安，心裡頭想：「他真的知道嗎？」

因此，你應該複誦對方說過的內容，例如：「好的。本週五晚上七點，我們約在新宿ALTA大樓前面」，對方才會覺得安心。

或許有人覺得這樣做是多此一舉，但請各位務必養成複誦的習慣。由於有沒有重複會影響對方對你的好感，而且只是把對方的話再說一遍，應該不難做到，因此請你

確實執行。

荷蘭拉德堡德大學的凡・巴倫（Rick van Baaren），藉由一項實驗得知：**不嫌麻煩、複誦對方說話內容的人，會贏得對方的好感**。

話說回來，備受主管關愛的部屬通常都擅長複誦。當主管吩咐：「○○，去幫我買個咖啡」，他不會只說：「是，知道了」，而是立刻回應：「好的，您要咖啡？平常喝的黑咖啡好嗎？」這樣的人才是能幹的部屬，也是主管喜愛的部屬。

在電子郵件往返的情況中，也是同樣的道理。舉例來說，兩人相約見面時，由我方指定日期和地點，而對方只回一句「了解」，實在無法令人產生好感。對我而言，對方沒有回覆：「好的，△點在□□地方見面吧」，會讓我坐立難安。

更別說，只回覆「了解」的人還可能搞錯時間和地點，或是遲到也毫不在乎。希望各位明白，能和大家相處融洽的人隨時都記得複誦。

9 善用「鸚鵡對話法」，讓人心情愉悅、無法說No！

這個方法有點類似複誦，不過這是完全拷貝對方說話內容的技巧，又稱為「鸚鵡對話法」或是「依樣畫葫蘆對話法」。

A：「嘿嘿，我昨天好開心哦。」

B：「哦？發生什麼開心的事嗎？」

A：「對啊，被客戶公司的老闆誇獎哦。」

B：「被老闆誇獎啊？」

A：「嗯，他說『你工作很細心』。」

B：「工作很細心啊。你被誇獎了呢。」

這時候，B使用的就是鸚鵡對話法。鸚鵡對話法不僅是人人都能輕鬆學會，還可以讓對方心花怒放，是一個效果即佳的技巧。

荷蘭拉德堡德大學的穆勒（Barbara Müller）請女性擔任暗樁，向路人搭話，詢問步行約十五至二十分鐘才能抵達的車站位置。

當路人說明怎麼走的時候，擔任暗樁的女性就使用鸚鵡對話法。舉例來說，當路人說：「下一個路口右轉」，女性將對方的話重複一遍：「哦哦，下一個路口右轉」。等到路人說完路徑之後，女性提出請求：「不好意思，可以麻煩你帶我到車站嗎？」結果，**七五％的路人不嫌麻煩，願意接受她的請求，帶她走到車站。**

為什麼這些路人會答應呢？因為鸚鵡對話法讓他們心裡覺得很愉悅。

另一方面，對照組則是擔任暗樁的女性請路人說明路徑，卻不採用鸚鵡對話法。舉例來說，當路人說「下一個路口右轉」，女性只回答「是」或「好的」。接下來，和前述那一組一樣，在路人說明完畢之後，女性提出請求：「不好意思，可以麻煩你帶我到車站嗎？」結果，只有四〇％的路人願意。

可見得，**對於沒使用鸚鵡對話法的人，大部分的路人無法產生好感，於是拒絕女性的請求。**

所以，在與別人對話時，不妨將對方的話直接重複一遍。這是個簡單的技巧，卻能產生非常驚人的效果。

專欄

邀約對方被拒絕，再積極嘗試一次

美國馬里蘭大學的懷特（Gregory White）表示，當女性接到心儀男性的邀約時，心裡明明很想答應，卻經常故意拒絕，以藉此吸引男性的注意力。

既然是心儀的男性提出邀約，就點點頭不是很好嗎？不過人類的心理可沒那麼簡單。隱藏真心話、刻意說謊，一點也不稀奇。其實，男性也有同樣的心態。

假設幾個朋友聊到：「我們一起吃晚飯，○○也來吧」，而邀約某位男性，結果他卻拒絕：「我不去。」

大多數的人被對方拒絕之後，不會再次邀約，但我即使遭受拒絕，還會再邀請一次。

第二次時，我採取比較強勢的態度說：「為什麼？○○你也來嘛。你不來就不好玩了。」結果會如何呢？

一般來說，本來說「我不去」而一口回絕的人，第二次卻乖乖接受並回應：「哦，好。」也就是說，他其實很想和大家一起去吃晚飯，只是心裡希望大家再邀約一次。

溫暖討喜的人即使一度遭到拒絕，還是會再次提出邀約。各位千萬不要認為：「反正對方都拒絕了，那就算了。」前文中提到，當別人回答「不需要」時，必須當成「有需要」，而當對方拒絕邀請時，也可以參考這樣的模式。

你遭受對方拒絕時，或許覺得不需要再次邀約，但其實並非如此。「在對方拒絕後，要更強勢地邀約」，才是正確的作法。

假設你想邀請女性去約會，提議「我們去吃好吃的中華料理」，但被對方拒絕了。

這時候，你不要說「哦，好吧」，就乖乖退縮，而是不妨再次邀約：「知道了。不然我們去另一家創意料理如何？」這一次，對方通常會爽快答應。

這就是人類不可思議的心理，十分有趣。因此，請大家務必記得：千萬不要把拒絕的話當真，對方有可能反而喜歡稍微強勢的進攻。

重點整理

- 像變色龍一樣隨時改變自己態度的人，比較容易升遷。
- 對於對方的發言，包括意見、態度與信念，全都回答「我也這麼想」，是最好的方法。
- 彼此剛認識時，自己先吃一點虧，能夠贏得對方信任。
- 對方說出口的未必是真心話，沒說出口的反而才是真心話。若無法正確解讀他的心思，就無法妥善因應。
- 看到別人無傷大雅的違規，請抱著「彼此彼此」的心態，放對方一馬。
- 用「鸚鵡對話法」將對方的話重複一遍，能讓他感到愉悅，樂意幫助你。

※編輯部整理

NOTE

第 4 章

用微狡猾「破冰」技巧，排解冷淡僵局

1 互相稱呼彼此的綽號，促進人際關係更緊密

當人們發展出不錯的交情之後，會直呼對方的綽號。由於彼此關係親密才會叫綽號，因此我們可以利用這種關係，**請對方稱呼你的綽號，也能讓他感到關係緊密**。

假設你的姓氏是「林」，對方一直稱呼你的姓氏，還加上「先生」或是「小姐」，並不會覺得彼此關係親密。你不妨請對方用比較親切的方式叫你，例如：「小林」、「林林」或是「小林林」等。

你也可以請對方用姓氏做一些變化，幫你取個綽號，或者你自己提議，然後請他叫你的暱稱。如此一來，更容易拉近雙方之間的距離。

美國克萊姆森大學的英格里許（Michelle English），製作三十份男性的經歷資

料，請大家評分。這些經歷的內容完全相同，只有名字的部分不一樣，有些人寫著正式名字，例如：Samuel或是Timothy，有些則是寫著暱稱，例如：Sam或是Tim。

人們看過這些經歷之後，普遍都認為寫著暱稱的人**「人緣應該很好」**、**「這個人很開朗」**，**給予善意的評價**。由此可知，請別人稱呼你的綽號，可以帶來好印象。所以，你應該儘可能讓別人叫你的綽號，這是個讓大家與你更親密的有效方法。

雙方一直互相稱呼○○先生或是○○小姐，關係只會保持在相敬如賓、淡淡如水的狀態。想要讓彼此的關係更親密、更密切，不妨進行所謂的「稱呼綽號大作戰」。

除了稱呼對方的綽號之外，**主動請對方稱呼自己的綽號**也是一個重點。你不妨這樣提議：「一直稱呼姓名，感覺很疏遠。由於我們年齡差不多，乾脆就叫○○與△△吧。你覺得如何？」

2 祭出「啊哈哈」戰術，撥開對方的言語攻擊

聽到別人說你壞話的時候，千萬別露出一臉不悅的表情，建議你「啊哈哈」輕笑幾聲帶過吧。千萬別意氣用事，和對方吵起來。

舉例來說，當對方說：「你只要看到女生，就見一個愛一個」，你可以回答：

「啊哈哈，這樣啊。我就是會見一個愛一個啊！」

「啊哈哈，這樣啊。我想這輩子都改不掉了吧！」

於是，對方便啞口無言，不會再說更多壞話。你也不會失去理性、怒氣衝天，把場面搞得太難看。

義大利帕多瓦大學的心理學家卡拉羅（Luciana Carraro）證實，遭受言語攻擊時，與其和對方吵架，不如笑著當做沒這回事，可以讓人留下更好的印象。

被別人說壞話：「你收受賄賂」時，有些政治人物會和對方吵起來：「你才收過賄賂」，但有些政治家笑著當沒事且回應：「要是我真的能收賄，我還真想大收特收呢。」

根據卡拉羅的實驗，大家閱讀這兩位政治家的檔案之後，後者獲得的評價比較高。

對於口出惡言的攻擊，輕輕帶過會讓人覺得比較穩重成熟。俗話說：「會叫的狗不會咬人。」**真正強大的人不會因為兩、三句難聽的話，就與對方爭吵起來。**「一個巴掌拍不響」，你笑笑當做沒事，才能顯露寬宏度量。英國紳士不論聽到多麼難聽的攻擊，都會微笑以對。希望各位保持沉著、展現氣度。

另外，當遭受別人攻擊時，你還可以**運用「不當真」的技巧**，例如在心裡這麼想：

「他說我的壞話，應該是嫉妒我的才華。」
「大家都羨慕我，所以難免想說個一、兩句壞話來攻擊我。」
你只要這麼想，怒火就會平息了。

3 一秒鐘神速道歉，使對方的怒氣瞬間歸零

當你不曉得對方為何看起來火冒三丈時，先別管原因，趕快道歉就對了。建議大家最好不要問：「你為什麼生氣？」因為問理由會使對方更生氣。

面對憤怒的對象時，什麼都別想，說聲「對不起」為上策。

反正先像以下這樣說，包準沒錯。

「說真的，我不知道你在氣什麼，大概是我做了什麼惹你生氣的事。不好意意思，我先跟你道歉。」

一般人聽到你的道歉之後，怒氣應該會立刻消除一半。

當你惹主管或客戶生氣時，也要採取同樣的作法。你不用考慮：「是我做錯了嗎？」、「我該負責嗎？」無論如何，道歉就對了。因為對方正在氣頭上是個不爭的事實，**不論理由和原因是什麼都不重要。**

舉例來說，遇到失火時，首要任務應該是滅火。至於原因是亂丟菸蒂，還是忘記關瓦斯總開關，等到滅火後再慢慢追究即可。如果悠哉地思考原因是什麼，火只會越燒越旺，到最後沒辦法妥善處理。

面對怒火沖天的人，也是相同的道理，當務之急是先讓對方不要激動，並冷靜下來。無論出錯的是你還是對方，原因一點也不重要。

以色列本古里安大學的沃費許（Tamar Walfisch）表示，通常女性與地位較低的人比較願意道歉，最不願意低頭的是地位高的男性。

可見得，地位高的男性比較不肯認輸，而正因為如此，這類型的男性更應該養成低頭道歉的習慣。

總而言之，假如有人在生氣，你先道歉再說。**道歉後，對方將恢復心平氣和的狀**

態。

若是對方的錯，他會道歉：「沒有啦，我亂發脾氣才應該說抱歉。」

若是對方的怒氣與你無關，他會說：「不是啦，和你沒關係，我現在有點心煩。」

無論如何，對方都會找回理性，不會遷怒到你頭上。

4 用「記憶扭曲」技巧，將他人的訓斥轉換成指導

切莫忘記別人的恩情，但遇到討厭的事，最好馬上忘掉。

加拿大耶穌基督學院的路奇斯（Laura Luchies）闡明，當別人對你做出討厭的事情時，如果你能立刻忘記，或是**運用「記憶扭曲」的技巧，催眠自己說「沒那麼嚴重」，會比較討人喜歡**。

話說回來，真的遇上不高興的事，想要忘掉或是放水流可沒那麼簡單。也許你會有一陣子悶悶不樂，沒辦法輕易遺忘，因此你可以利用記憶扭曲法。

所謂的「記憶扭曲」，是指賦予對方行為不同意義的技巧。舉例來說，假設主管把你當成眼中釘，做出各種嚴厲的訓示。如果你只看表面，或許覺得這是一種職場霸凌，但如果你賦予不同的意義，就能接受主管討人厭的行為。

你可以告訴自己：

「主管特別關心我，所以才會對我嚴厲指導。」

「受到這麼特別的對待，應該心懷感激才對。」

「他對我的期待非常高，要是對我沒有期待，怎麼會這麼嚴格。」

不可思議的是，你只要不認為這是霸凌，而是**對自己的關愛，就能抱著感恩的心態，面對嚴厲的指導**。雖然對方的行為是一樣的，但如果你賦予不同的意義，看法就會有所改變。

所以，當別人對你做出一些討厭的事情時，你不妨刻意轉換思考，就可以接受那些不愉快的事情。舉例來說，對人類來說，不吃不喝是件痛苦的事，但若是賦予「減肥」的意義，有些人便能甘之如飴。

總而言之，重點在於賦予什麼樣的意義。即使工作繁忙，連午休的時間都沒有，你也不必太鑽牛角尖，而是可以賦予這樣的意義：「剛好可以減肥」，如此一來，就不會生氣了。因此，**當你覺得不愉快時，不妨賦予適合自己的意義吧。**

或許有人覺得不容易做到，但上手之後，其實很簡單。

5 如何控制心中無名火？關鍵是每天做好「壓力管理」

當我們工作繁忙、疲累不堪時，可能會因為一點芝麻小事，就火氣上來而發怒。相反地，不累時或許對很多事都能微笑以對。因此，若你希望自己總是心情愉悅、春風滿面，就必須讓自己處於不容易發火的精神狀態。

加州州立大學的羅伯斯（Nicole Roberts）請十九對警察夫妻寫三十天日記，接著調查他們容易在哪些日子爆發口角爭執。結果發現，夫妻吵架時，必定是警察老公工作忙碌，而且老公越疲累，彼此越容易看對方不順眼。

可見得，我們筋疲力盡時，**無法妥善控制情緒**，往往無法容忍一些平常能容忍的事。

根據自身經驗，我十分認同這個結果。以前我曾經在累到最高點時，被對方的來信惹得火冒三丈，結果回覆了一封義憤填膺的信件。因此，如今我在深夜拖著疲憊腳步回家之後，不會看電子郵件。

當你聽到有人問你：「我零錢不夠耶，可以借我十元嗎？」而冒起一把無名火時，表示你已處於心力交瘁的狀態。而且，為了十元勃然大怒時，怎麼可能吐出什麼甜言蜜語。

溫暖討喜的人隨時都保持心情愉悅，而**想要維持這種狀態，平常做好壓力管理就至為關鍵**。換句話說，不要累積龐大的壓力，要每天一點一滴慢慢地釋放。

訣竅在於一點一滴地釋放壓力，也就是最好能在日常生活中適度地排解壓力，例如每個月泡一次溫泉來抒解壓力，不失為一個好方法。

關於這一點，其實我的作法不值得參考，因為我會抽菸，平常哈一根便是排解壓力的方法。你若是不抽菸當然很好，而喝杯咖啡或紅茶、去外面散步，都是很不錯的方法。

總而言之，**要準備幾個能讓自己釋放壓力、轉換心情的消遣。**

你希望自己隨時心情愉悅，必須保持不會發火的精神狀態。一旦為了對方無心的話發脾氣，就沒辦法呈現心情愉悅的樣子。

6 別拘泥細節，人際關係「60分就是滿分」

在人際關係裡，千萬別要求對方拿滿分，其原因何在？

因為一旦你要求對方做到滿分，無可避免地，你會採取扣分主義來看待他，並且用以下這種負面觀點來評價對方：

「你很愛講髒話，扣五分。」

「你吃飯的咀嚼聲好吵，扣二十分。」

所以，我建議和別人見面時，只要求合格就好。

「其實，超過六十分就很了不起。」當你採用這樣的觀點來審視對方，才能發掘對方的優點。

加拿大滑鐵盧大學的穆雷（Sandra Murray）指出，人際關係圓滿的人有個特徵，就是擅長找出對方的優點。

社交高手在對方身上看到不喜歡的地方時，會睜一隻眼，閉一隻眼，只專注在優點上。「哇！你竟然有這麼多優點！」用這樣的眼光看待對方，他也會覺得很開心。

總而言之，在人際交往當中，追求滿分的人必定會去找對方的缺點，於是雙方的關係自然不會太好。

人們總是說，過度追求理想會交不到女朋友，也娶不到老婆。和別人交往時，不要追求滿分或理想，追求及格更容易找到幸福。

一般來說，**好惡分明的人通常會要求對方拿滿分**。

「一定必須得□□才行。」

「要是不能△△，我無法認同。」

你若是如此，對方就沒辦法與你相處。因此，受大家歡迎的男性與女性，不會對別人吹毛求疵。

我認識一位人緣非常好、桃花從沒斷過的女性，她為人十分親切隨和，對方只要符合「不抽菸」這個條件就及格了，因此她可以與許多男性共事。對男性來說，這種女性很好相處。

所以，別老是拘泥細節。這個世界上，沒有完美無缺的人，只要抱持六十分主義就好。

7

對別人的關心與鼓勵，是一種「看不見」的投資

或許有人認為，只要擁有很多錢，就能花錢請別人吃飯，一定很受歡迎。但實際上哪有那麼簡單。有錢人家的孩子能買很多玩具，也可以把這些玩具送給其他小朋友，所以他們會很受歡迎嗎？那倒也未必。

相較於財富或玩具等「看得見的東西」，我們更渴望關懷或愛情等「看不見的東西」，而且會**對能給自己看不見的東西的人產生好感**。

美國布納維斯塔大學的葛佛蘭（Wind Goodfriend）曾調查兩百五十三位情侶，其中花心思在請吃飯等「看得見的投資」的情侶，大概八個月後就分手了，但是著重在告訴對方「我喜歡你」等「看不見的投資」的情侶，八個月後仍然如膠似漆。

由此可知，**不擅長人際交往的人，通常認為金錢可以買到一切**。

在酒店裡也會看到這種傾向。有些顧客深信可以藉由禮物贏得女性青睞，其實他們並不受歡迎。舉例來說，這些人會說：

「我已經買飾品送妳了……。」

「我都請妳吃高檔壽司了……。」

但是，沒有女性會喜歡總是討恩情的男人。

不過，我的意思並非看得見的投資一定不好，重點在於你進行多少看不見的投資。為了心儀的女性，**你是否能在百忙之中抽空與她見面，或是經常傳訊息表達關心，也就是你願意付出多少心力。**

相較於一次送十萬元的禮物，傳一百封甜言蜜語的訊息更能打動對方的心。

工作上也是如此，比起做一些看得見的事，不如做一些看不見的事。想要贏得部屬的好感，與其請他們到高檔餐廳吃飯，不如**暗中幫助或是傳訊息鼓勵他們，會有更好的效果**。

的確，以看得見的形式進行投資比較簡單，不過這種方式無法打動人心。溫暖討喜的人應該以看不見的形式進行投資。

8

開懷暢飲、痛快吃，顯現出你的熱情與善意

和食量小的人一起吃飯，實在不怎麼愉快。食量小的人幾乎不動手夾菜，同桌的人也不好意思只顧著自己吃。即使你平常在減肥，和其他人一起吃飯時，請展露豪邁的吃相，才能給人留下好印象。

加拿大多倫多大學的利昂（Tullia Leone）進行一項實驗，邀請空腹的參加者到實驗室盡情享用披薩。這時候，參加者必須與其他人（其實是暗樁）一起吃披薩，而且邊吃邊聊天。事後，他詢問這些人對彼此的印象。

結果發現：如果暗樁盡情享用披薩，會讓人產生好感，但如果暗樁不怎麼吃，則會留下壞印象。在「好感」、「友善」及「想要共處」的項目，大吃大喝的暗樁都獲

得較高的分數。這顯示了吃相豪邁的人比較討人喜歡。

事實上，**「吃相豪邁的人比較討喜」這一點，不僅適用於男性，也適用於女性。**大多數的男性看到吃相豪邁的女性時，會比看到謹慎客氣的女性更加愉悅。

有不少男性喜歡知名大胃王辣妹曾根這樣的女性。假設一起去吃壽司，女生吃了兩個壽司就說「好飽哦」，會受到男生歡迎嗎？

如果女性希望被視為端莊嫻淑或是傳統溫婉，這種行為只會適得其反，讓人不喜歡與她約會。

不僅吃飯時是這樣，喝酒時也是如此，因此與別人一起喝酒時，請喝個痛快吧。比起啜飲小酌，**暢飲啤酒的人才能給人充滿活力的感覺**。

老實說，我的酒量很差，不過在和別人一起喝酒時，我總是率先帶頭暢飲。看到某人的酒杯空了，我會主動詢問對方：「○○先生，接下來要喝什麼呢？」於是對方也會配合我的節奏。

另外，對酒精過敏的人可以選擇無酒精飲料，而且要開懷暢飲，不要小口小口地啜飲。

9 小氣鬼沒人緣，但請客的原則是「小東西即可」

沒人喜歡小氣鬼，這是天搖地動也改變不了的真理。和別人吃飯時，基本上你應該支付全部款項，或許自掏腰包會令你心痛，但是請展現出大方豪氣的一面。

如果你真的很不想請客，最好不要和別人一起吃飯。**因為讓對方見到小氣的一面，只會破壞你的形象。**

大家一起出門吃吃喝喝時，只由一人埋單未免太吃力了，但你至少要多付一點。假設一個人花兩百八十元，你至少要付三百元，最好能付五百元，再拚一點可以拿出一千元。

拜託後輩幫你買果汁時，別給他剛剛好的二十元或二十五元，至少給五十元或一百元，並且說：「你也買些想喝的吧。」。請幾個人喝飲料，頂多只需要幾百元，若是捨不得那些錢，讓人在背地裡議論：「他好小氣喔」，可就划不來了。

我的意思不是叫你擺闊花大錢。不論是請飲料、香菸或是其他東西都沒關係，**請客的原則是小東西即可。**

掏錢爽快的人會獲得很高的評價。夏威夷大學的亨德利克森（Blake Hendrickson）做過一個實驗得知：在酒吧裡是否請對方喝酒，會改變自己在對方心中的印象。只是請一杯酒，就可以讓接受你招待的人產生好感。

花自己的錢請客，是絕對不變的鐵則。如果你豪邁地邀請部屬：「今天我請客」，結帳時不能偷偷摸摸地向店家要收據。要收據表示要報公帳，這種請客方式會使你的主管威嚴喪失殆盡。

儘管有句話說：「金錢買不到人心」，然而有人請客時，大家心裡還是很開心。因此，就某種程度來說，金錢確實可以買到人心。

日本傑尼斯的東山紀之每逢新年，都會發紅包給一百多位後輩。我想也許是因為這個緣故，才會有那麼多人崇拜他。如果我是東山紀之的後輩，看到他大方地說：

「來，紅包給你」，一定會成為他的忠實粉絲。

小氣鬼不討人喜歡，更沒有女人緣。根據美國西北大學的伊斯特威克（Paul Eastwick）的調查，女性最討厭小氣男，並且表示不想和小氣男談戀愛。

自掏腰包確實會讓人有點心痛，但這點心痛絕對可以值回票價。

10 放下身段搞笑，當個幫同事解壓的開心果

溫暖討喜的人也要會搞笑，當個能逗人發笑的小丑，因此必須徹頭徹尾地成為諧星。

沒有人會討厭諧星。或許有人會揶揄你說：「你真傻啊」，不過他絕對不是發自內心說你壞話，**而是覺得你實在太可愛，跟你開個玩笑罷了。**

為什麼觀眾不會討厭搞笑藝人呢？因為他們是諧星，不高傲、不自大，把逗人發笑當成自己存在的意義。這也就是搞笑藝人討喜的原因。

美國喬治亞大學的格魯納（Charles Gruner）製作一部搞笑人物的影片，邀請一百二十六位大學生欣賞，並且評論影片中的人物。

結果發現：**搞笑人物具有許多好印象，像是做人好、充滿活力、有趣、幽默。**而且，詼諧的女性特別受歡迎。

儘管詼諧的男性很受歡迎，然而女性展現同樣詼諧的一面時，會給人更好的印象。或許有人無法放下身段搞笑，不過請別怕丟臉，只要裝傻搞笑，就能確實提高你的評價。拋開面子絕對有價值，請各位務必嘗試一下。

對每個人來說，工作都是壓力的來源。除了少數非常悠閒的公司之外，大部分的職場都和戰場差不多。因此，你更應該讓自己成為撫慰人們緊張情緒的良方，當個逗大家發笑的小丑，讓周遭的人忘卻壓力，愉快地工作。

雖然有不少公司禁止在上班時間聊天，但你不需要顧慮，**請說一些有趣的事把大家逗笑，即使只有三言兩語也沒關係。**絕對不會有人對你發脾氣說：「你很吵耶，閉嘴」，眾人反而會哄堂大笑。

你不妨自言自語地說：「吳醫生開診所啦。開了什麼診所呢？」「吳齒科。」我想同事們應該會瘋狂爆笑，應該沒人會討厭你這樣做。

專欄

總是拜託幫忙的人，竟然不會惹人嫌!?

當你拜託別人時，千萬別客氣，要儘量提出請求。然而，或許有人會這樣想：

「拜託別人做這種事，會不會給人家添麻煩？」

「會不會覺得我臉皮很厚？」

「會不會覺得我的工作能力很差，連這種事都不會？」

其實不用想這麼多，儘量依靠別人才是正確的作法。其原因在於，有人拜託我們做事時，我們不會不高興，反而會對那個人產生好感，並激發自己的自尊心。

換句話說，當你拜託別人做事情時，對方會想：

「沒想到我這麼可靠。」

「想不到他這麼看得起我。」

請大家放心，對方絕對不會對你感生負面的情緒。

喬治亞大學的威廉森（Gail Williamson）曾做實驗證明：當人們被拜託幫忙時，能提振自己的正面思緒。被請求的人不會認為伸出援手很麻煩，反而會對提出請求的人產生好感。

假設現在有一隻可愛的小狗向你撒嬌，搖著尾巴湊過來。請問各位：

你會一腳把小狗踹飛，或是對牠扔石頭嗎？大家應該會溫柔地把牠抱起來吧。

對於撲進自己懷裡尋求庇護的人，應該沒有人覺得討厭或嫌麻煩，反而會感謝對方選擇依賴自己。因為幫助別人會帶來好心情，拜託別人相當於把這份好心情送給對方。這就是為什麼擅長拜託的人特別討喜。

擅長拜託別人，聽起來像是女性比較常用的技巧，男性當然也可以運用。

學校老師最喜歡的學生，就是經常說「老師，我不懂這個問題」的學生。站在老師的角度，主動提問的學生簡直可愛得不得了，絕對不會覺得「教他好麻煩」。相反地，對於完全沒有問題、從來不請教老師的學生，老師通常不覺得他可愛。

有人認為：「我可以靠自己的力量活下去」，或是「我不需要借助他人的力量」，我只能說這可能有點誤會。

如果你一直這樣裝腔作勢地過日子，沒有人會願意接近。因此，學習如何麻煩別人，你不僅能活得更輕鬆，也會更受歡迎。

重點整理

- 真正強大的人不會因為兩、三句難聽的話，就和對方發生爭論。
- 如果對方生氣，你先道歉再說，他就會恢復心平氣和。
- 當遇到討厭的事，用「記憶扭曲」的技巧，催眠自己說「沒那麼嚴重」，比較討人喜歡。
- 溫暖討喜的人隨時保持心情愉悅，而要維持這種狀態，平常就必須做好壓力管理。
- 和人交往時，不要追求滿分或理想，追求及格更容易找到幸福。
- 比起財富等「看得見」的東西，人們更渴望關懷或愛情等「看不見」的東西，而且會對給予自己後者的人產生好感。
- 會搞笑的人能讓人留下「充滿活力」、「有趣幽默」的好印象。

※編輯部整理

NOTE

第5章

用微狡猾「形象」技巧，瞬間給人好印象

1

越自戀的人，給其他人的第一印象越好

「自戀狂」這個字眼，好像無法給人正面的感受，大家通常會聯想到任性、自私，完全不顧慮別人的心情，只顧自己。

但另一方面，**比起懦弱畏縮的人，我們往往更喜歡自信坦蕩的人**，而自戀狂對自己信心滿滿，永遠堅毅果敢，從不顯露出畏畏縮縮的模樣，因此導出了「自戀狂比較討喜」這樣有趣的結果。

想成為溫暖討喜的人，請先當個自戀狂吧。成為自戀狂之後，就能積極展現自己的魅力。

德國美茵茲大學的拜克（Mitja Back）找來一群素未謀面的人，讓他們逐一向前，簡單地自我介紹。然後，拜克請其他人評分，並詢問他們在介紹者身上感受到多

少魅力，以及是否有意願進一步認識。

此外，拜克在他們自我介紹之前，測試所有人的自戀程度。結果經過比對後發現：**自戀程度越高的人，自我介紹的第一印象越好，越受到大家歡迎。**

拜克將自我介紹的過程錄下來進行分析，發現自戀狂有以下的特徵：

①表情充滿魅力

②說話時搭配自信的手勢

③談吐風趣

④衣著得體

看來這也就是自戀狂比較討喜的原因。

美國俄亥俄州立大學的布魯內爾（Amy Brunell），也進行相同的研究。布魯內爾請四個素不相識的人組成團隊，並進行討論，選出團隊的領導者。

受試者都在事前接受自戀程度的測試，結果發現：越自戀的人越容易獲選為領導者。原因同樣是自戀狂比較可靠、充滿自信。

雖然自戀狂不是什麼好聽的字眼，但還是希望大家自戀一點。因為**擁有自信，才會萌生積極展現魅力的念頭**。

缺乏自信的人無法向其他人展現自己的魅力，因此希望各位讀者都能當個坦蕩蕩的自戀狂。

2 想讓穿著時尚又穩重，得獲得異性與長輩的認可

德國美茵茲大學的賀希穆勒（Sarah Hirschmüller），請五十多位男女進行二十秒的自我介紹。他將這個過程拍下來，詢問受測者對他們的印象。

據說，影響是否獲得好評最大因素是穿著打扮。可見得，評論素未謀面的人時，服裝是一個重大因素。賀希穆勒還表示，**打扮流行入時的人看起來比較活潑。**

此外，讓人產生好感的因素，繼服裝之後，依序為表情（笑容）、開朗的聲音，最後是長相好看。

坦白說，長相俊俏、美麗其實沒那麼重要，反而是服裝、表情及聲音更加重要。

而且，只要努力一點，就能改善服裝、表情及聲音，這對我們來說是一個天大的好消

息。

服裝可以帶給人們以下的印象：

「他好像很好相處（或很難相處）。」

「他看起來很棒（或很糟）。」

因此，我們不應該隨意穿著打扮。

「無論衣服多麼髒，只要心地善良就好」，已經是過去式了。在這個時代，外表對於印象的影響力最大，若是輕忽這一點，連認識新朋友都難如登天，因為沒有人喜歡與髒兮兮的人在一起。

再來，談談服裝的基本原則，你的穿著打扮必須獲得長輩與異性的認可。如果交由自行判斷，你一定會選擇自己喜歡的服裝，假如你的穿搭品味好倒是沒問題，而品味欠佳往往會造成慘不忍睹的悲劇。

先通過長輩那一關，表示那是社會可接受的服裝，再通過異性那一關，就表示那是既穩重又具有時尚品味的打扮。

一般來說，溫暖討喜的人都很時髦。而且，沒有人具備高強的社交手腕，卻穿著骯髒邋遢。

3
「外在形象」是影響評價的關鍵，別捨不得花錢打扮！

外在形象非常重要，無論你的個性多麼善良，一旦給人不好的印象，別人對你的評價就會不好。因此，希望各位隨時留意自己的穿著打扮。

千萬不要認為：「愛打扮的人個性輕浮。」瞧不起穿著的人無法精進自己的外在魅力。而且，請切記一件事：穿著打扮是別人評價你的重要指標。

我們很容易被外表矇騙。外表好看一定能獲得很高的分數，是絕對不變的道理。

加州理工學院的蘭格爾（Antonio Rangel），將一瓶不到三百元的廉價紅酒，倒進最高檔的蒙塔奇諾布魯內洛（Brunello di Montalcino）酒瓶裡，請自詡紅酒通的人飲用，結果他們竟然異口同聲回答：「好喝！」由此可見，大腦會被外表的印象所欺騙。

除此之外，一般人也是只要穿上最高級的衣服，就會受到好評，因此花錢置裝時千萬不要手軟。

提升內在不是件簡單的事，但想要提升外在形象，只要花點錢，馬上就能見效，再也沒有比這更簡單的方法。

時尚造型師三好凜佳針對一百位女性進行問卷調查，發現八成的女性都認為：「西裝穿著得體的男性，工作能力比較強。」可見得外表非常重要。

不擅長人際交往的人不會把錢花在置裝上，交往技巧越差的人越是不修邊幅。打扮馬馬虎虎，自然沒有勇氣與自信和別人攀談。

所以，先花一筆錢置裝，穿著有質感的衣服，這會為你帶來一股莫名的自信，講話自然也會抬頭挺胸。

4 重要場合不知道該穿什麼？首選是「藍色」還有……

每當我建議要打扮入時，大家通常會急忙買些時尚雜誌來參考，其實不需要特地看雜誌學習時尚。不可否認的是，時尚雜誌報導的流行難免有些誇張，不能完全參考。

想要改善外表的印象，基本上得打造開朗的形象，而打造開朗的形象時，最安全又不容易出錯的顏色就是藍色，因此請記住一個重點：**主色系用藍色**。相較之下，**紅色與黃色可以展現華麗的印象，但讓人感覺有些高調**。

所以，當你不知道該挑選什麼衣服時，先買藍色就沒問題了。我可以肯定地告訴大家，舉凡襯衫、領帶，只要搭配深淺不一的藍色，絕對不會出錯。。

磨練時尚的敏感度不是件簡單的事，但只要記住「有問題就選藍色」的法則，任何人都能顯示出時尚感，因為藍色是每個人都喜歡的顏色。

我是個與時尚完全沾不上邊的人，對流行不感興趣，也沒有什麼堅持，坦白說，只會「用藍色當主色系」這一招，但竟然有不少人誇我說：「內藤老師很時髦呢。」可見得，不論是張三還是李四，這樣做都能提升自我形象。

南安普敦大學的賽門（William Simon）針對約五百名對象，詢問他們喜歡的顏色，結果藍色榮登第一名寶座，有四八・五七％的人選擇這個顏色。而且，根據賽門的調查，第二名是紅色，占一〇・二一％；第三名是綠色，占九・八％；第四名是紫色，占七・七六％；第五名是黃色，占七・三五％；第六名是褐色，占六・五三％。

此外，喜歡藍色並非美國人的專利。根據日本色彩設計研究所的網路調查「日本人喜歡的顏色」，結果也是**藍色系獲得男女雙方的壓倒性支持**。

不論是襯衫、領帶，還是包包、鏡框、錢包、原子筆，你若是不曉得選用什麼顏色，選藍色就沒問題了。

總而言之，藍色是人見人愛的顏色，絕對不會給人留下壞印象。

5 男生留黑色短髮，比染髮或長髮更清爽有朝氣

天底下應該沒有人會討厭乾淨的人，乾乾淨淨絕對不會惹人嫌。

說到乾淨，男性最好避免留長髮，並以短髮為原則。其原因在於，**長髮需要花費不少工夫，才能梳理整齊讓人覺得乾淨。**

雖然雜誌中有不少男性模特兒留長髮，但大家最好別輕易模仿。一般人把頭髮留長，只會給人邋遢的印象，而短髮至少可以散發清爽感，看起來比較乾淨，因此要每個月理髮一次以維持長度。

觀察路人就可以得知，長髮的路人經常「不好看」，短髮則「不會出錯」。這應該不是我的偏見，我想大家應該都有同感。因為想要維持整齊的長髮，是一件苦差事。

此外，年長者對於長髮男性多半沒有好感，覺得他們吊兒郎當、愛玩或是不正經。儘管最近有越來越多男性留長髮，不過它還稱不上是一般髮型。以機率來說，短髮還是比較讓人放心。

藝人和演員經常上髮廊整理頭髮，他們在螢光幕上好像永遠都頂著同樣的髮型。雖然我們上髮廊的頻率不需要那麼高，至少**每個月都要修剪頭髮一次**。此外，不少人為了展現開朗的氣息，會將頭髮顏色染成比較亮的髮色，但是我認為黑髮就行了。

根據美國紐約州立大學弗雷多尼爾分校心理學家羅森（Edwin Lawson）的實驗，相較於金髮和紅髮的男性，**黑髮男性在魅力、風趣、溫和、幽默、相處愜意度等方面，都獲得較高的評價**。可見得，黑髮一點也不差。

把髮色染亮一點沒什麼不好，但頭髮變長之後，黑色部分會很明顯，而整體則顯得褪色，變成色差頭，看起來不乾淨。如果你肯花時間經常重染倒也無所謂，但要是做不到，最好還是維持黑髮。

6 眼睛最能散發魅力，千萬不可被眼鏡遮住

眼鏡難免會給人一種樸質的形象。雖然最近市面上的鏡架越來越時髦，大部分的人還是會購買樸素（黑色或咖啡色）的鏡架，總覺得有點陰暗。

基本上，最好別戴眼鏡，改戴隱形眼鏡。眼鏡會遮掩臉部表情，戴隱形眼鏡可以露出整張臉，看起來比較清爽，給人的印象更好。

雖然眼鏡與面具不一樣，不會遮住整張臉，卻還是遮去一部分。**最扣分的地方在於，眼鏡會遮去讓人印象最深刻的眼睛。**

姑且不論面對面的時候，若是坐在戴眼鏡的人旁邊，就看不見他的眼睛。即使你露出微笑，對方也看不見。有沒有戴眼鏡，人們的評價會出現極大的變化。

摘下眼鏡，留下好印象

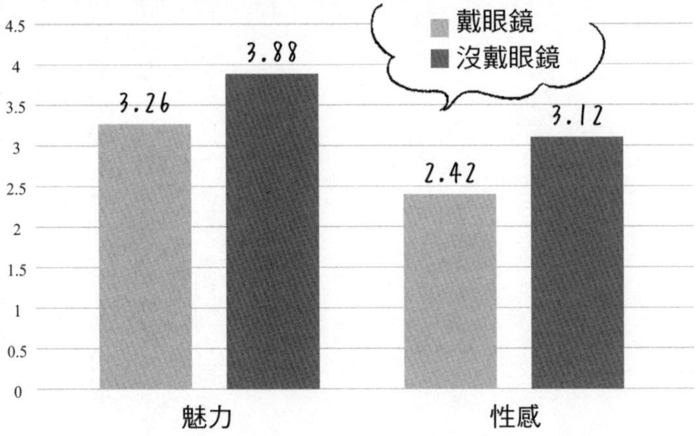

數值越接近7，表示魅力與性感的程度越高。

出處：Harris, M.B.

美國新墨西哥大學的哈莉絲（Mary Harris）找來五對男女，請他們分別拍攝戴眼鏡和沒戴眼鏡的照片，並調查他們給人的印象會出現什麼變化。結果，印象的變化如上圖顯示。

在這個世上，有些人戴了眼鏡仍然是帥哥、美女，但如果他們摘下眼鏡，一定更加迷人。有些人戴上眼鏡很好看，是因為他們的五官本來就長得漂亮。

因此，臉蛋最好保持清爽，

基本上最好不要戴任何會遮住臉部的東西。

不只別戴眼鏡，最好也別戴口罩。在花粉症流行的時期，許多人難免會戴上口罩，把臉遮起來，然而這無法讓對方感受到你的魅力。

最後，請記住一件事：和別人見面時，絕對不可以戴口罩。

7 業務員重視自己的隨身物品，會贏得客戶好評

請將持有的物品全都當成自己的「分身」，也就是說，別忘記這些東西都代表你的評價。

舉例來說，有人開著一輛髒兮兮、有多處凹陷的車子。如果你問我對車主的看法，根據我的心理分析，他應該是隨性、邋遢的人，因為他沒有洗車子，連撞凹了也不在乎。

你使用的物品應該隨時維持乾淨清潔，因為**當這些東西髒汙時，會連帶影響人們對你的評價**。所有別人看得到的東西，舉凡皮夾、包包、皮鞋等，都要保持清潔。

有些公司主管會嚴格要求業務員的服裝儀容，而這些業務員通常會贏得客戶的好

評。

用心維護自己東西的人比較討喜。我在拙著《請用乾淨的鈔票！》中，談到賺大錢的人皮包裡永遠都放著新鈔，並且經常使用。大家拿到沒有摺痕的新鈔時，絕對會比收到皺巴巴的鈔票還要開心吧。

事實上，會注意這些小細節的人，工作能力必定比較強。根據中國廣東省中山大學楊清（Yang Qing，音譯）的實驗，當顧客使用乾淨的鈔票時，會獲得比較好的服務，而使用浸泡於汙水中數日的骯髒鈔票，只會被人討厭，獲得的服務也比較差。

另外，小地方也會影響形象，你對於自己所有的物品都不能大意。**當你帶著一個作工精細的包包，給人的印象會是「這個人在工作上必定很出色」**。如果你帶著一個學生常用的後背包，給人的感覺可能變成「乳臭未乾不值得信任」。

使用萬寶龍鋼筆，讓人覺得你深具品味，相對地，使用一枝十幾塊的原子筆，看起來則沒有什麼價值。

我們持有的任何物品都代表個人的整體形象，因此在日常生活中，必須隨時意識到別人怎麼看待我們的物品。

8 男生膚色曬黑一點，看起來健康又討喜

據說，以前電視頻道剛開播時，有好幾個主播戒掉他們的菸癮。其原因在於，在收音機時代，只會播出聲音，抽菸還不成問題，進入電視機時代之後，觀眾可以看見他們的身影。有些主播為了呈現更好的一面，不希望觀眾看到自己泛黑的牙齒，於是選擇戒菸。這是一種專業意識。

只要能展現自己的美好，即使只有一點點，做什麼改善都可以。比方說，進行牙齒美白讓牙齒更潔白，也是因為這個緣故。

雖然牙齒白一點比較好看，不過膚色則是黑一點比較好。這一點尤其適用於男性。膚色白皙的男性，看起來沒有什麼朝氣。在動物的世界裡，健康、毛色及膚色光亮的雄性，比病懨懨的雄性更受歡迎，在人類的世界裡也是如此，**膚色明亮、健康的**

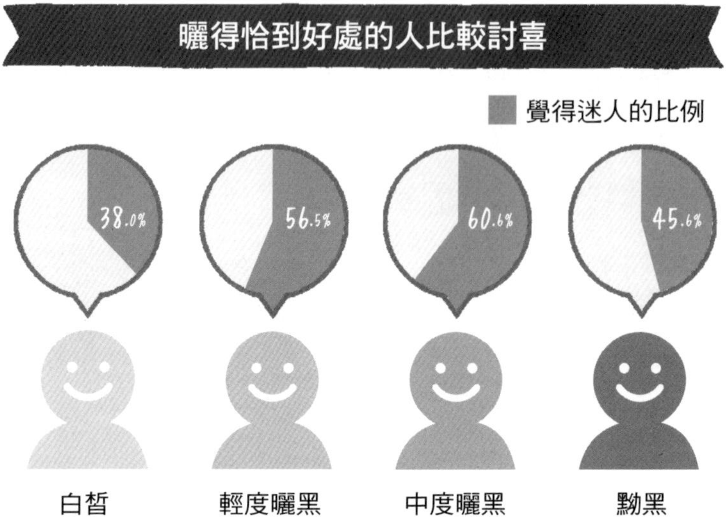

（出處：Broadstock, M.,et al）

人比較討喜。

希臘船王歐納西斯（Aristotle Onassis）也建議大家曬黑一點，因為曬得比較黑的人看來比較精悍、健壯。

從心理學的角度來說，這句話一點也不錯。想表現出更迷人的一面，雖然不需要把自己曬成黑炭，但膚色至少要曬黑一點。

澳洲墨爾本大學布蘭德斯克（Marita Broadstock）的研究小組，出示兩張男性模特兒及兩張女性模特兒的照片，詢問受測者：「你認為哪個人比較迷人？」然而，照片中的膚色已經用電腦進行修圖調整。

結果如右圖。參考這項資料，得知膚色曬黑的程度為「輕度」到「中度」時，看來比較迷人。船王歐納西斯的建議絕對不是信口胡謅，而是確實有效的方法。

趁著好天氣出門吃午餐，能讓膚色變得更健康，而且這樣的人比較討喜。不過，**曬成黑炭只會造成反效果**，讓你像個到處玩樂的浪子，因此曬得剛剛好就行了。

9

為什麼忘掉自己的年齡，就不容易變老？

提到年紀，外表越年輕越好。雖然迷人的年長者仍然能散發自己的魅力，但基本上，**人類的魅力會隨著年齡增長而日益下降**，無論男女都是一樣。既然如此，若是不採取預防措施，魅力只會一路下滑。

美國內布拉斯加大學的戴芬伯契（Kenneth Deffenbacher），製作三十張男性的3D臉部模型，詢問人們對這些臉孔的印象。結果發現，相較於臉頰削瘦、看來蒼老的臉孔，人們認為雙頰飽滿，外形年輕的臉孔比較迷人。

想要展現自己的魅力，必須多加努力以免魅力消逝，這就是抗老化。即使年輕時有年輕時的魅力，但到了某個年紀之後，就必須努力對抗衰老。

僅管你現在說：「我還年輕，還很迷人……」，但不知不覺中，將驚覺自己的魅力已經消逝了。

抗老化的方法五花八門，在此提供一個即刻見效的技巧，那就是穿上看來比實際年齡小五歲的服裝。刻意打扮年輕，就連心態都會變年輕。而且，可以使用化妝水或美容液等保養品，不過這需要一筆不小的開銷。**如果想打扮得年輕一點，只要在購買衣服時，挑選不同的款式即可。**

舉例來說，把領帶換成年輕人喜歡的款式，比方亮一點的顏色等，連心態也會變年輕，真是不可思議。相反地，繫上長輩喜歡的咖啡色領帶，走路似乎也變得緩慢，感覺自己好像老了好幾歲。

此外，再提供一個抗老化的方法，那就是忘掉自己的年齡。**把年齡忘掉，就不容易變老。**

在此分享一個有趣的故事，美國精神分析醫師史坦（R.Stern）曾介紹一個案例：一名男子在四十歲時失去記憶，十年後他不知道自己已經五十歲，因此仍然維持四十歲的模樣。這時候，有人告訴這位男子：「你已經五十歲了」，於是他迅速老化，不到四個月，皺紋急速增加，變成五十歲的容貌。

所以，假如你想忘記自己的年齡，四十歲之後最好不要慶祝自己的生日。

專欄

與人交往和跑馬拉松一樣，要循序漸進

如果你覺得與人交往讓你痛苦不堪，也許是因為你太努力了。如果你本來就不擅長與別人往來，在人際關係方面只要配合自己的需求即可，不必一下子用盡心力。

舉例來說，假設你在過去的生活裡，完全沒有運動的經驗，現在卻突然被要求練習全程馬拉松，必定會跑得很痛苦。因此，你剛開始只要稍微跑一下，兩公里就已足夠。如果不能循序漸進，你必定會很討厭練習。

實際上，剛開始不一定要跑步，可以練習健走。在自己的能力範圍內練習，才是重點。

紐約大學的萊德曼（Michael Tillis Lederman）建議大家，在自己的能力範圍內，試著與別人交往，接著再逐步提高門檻。

練習人際交往，與鍛練體力幾乎沒兩樣。舉例來說，一個害羞內向的人好不容易鼓起勇氣，參與派對或酒會時，為了避免耗費太多心力，最好早點離開。如果剛開始就耗費太多心力，參加第二攤、第三攤，只會覺得「受夠了」，所以最好別勉強自己。

當你與公司同事一起去喝酒時，最好參加人數比較少的團體，等到自己想說話時，再發表意見即可，而其他時間內只要坐著微笑就好。

總而言之，請你在覺得很愜意舒適的狀態下，與別人打交道。在人際交往方面，過度努力是犯大忌，當過於疲累時，不論做什麼都提不起勁。

減肥也是同樣的道理，如果一開始就訂定嚴格目標，第二天便失敗了。為了避免發生這種情況，不妨從減少零食或飯量開始，才能持之以恆並獲得成功。

儘管本書提出各種建議，各位也不用照單全收。希望大家根據自身需求，在覺得開心愉悅的狀態下，量力而為、慢慢增加自己能做到的事就夠了。

重點整理

- 自戀程度越高的人，自我介紹的第一印象越好，越受到大家歡迎。
- 長相俊俏或美麗其實沒那麼要緊，反而是服裝、表情及聲音更加重要。
- 提升內在不是件簡單的事，但想強化外在形象，只要花點金錢，馬上就能見效。
- 想塑造「開朗形象」，最安全又不容易出錯的顏色是藍色。
- 自己所用的物品可說是自己的分身，會影響人們對你的評價，因此這些東西必須隨時保持乾淨。
- 抗老化的方法之一，就是忘掉自己的年齡。

※編輯部整理

NOTE

第 6 章

微狡猾「交友」技巧，讓你到哪裡都左右逢源

1 忽視人際交往的技巧，很難遇到貴人

雖然這是再自然不過的道理，但如果你不覺得這是自己想認真學習的重要技術，壓根不會好好學習。舉例來說，有人認為：「我是日本人，一輩子都用不到英文」，你認為他會認真學習英文嗎？

我想可能性應該很低，因為他根本無心學習英文。同樣的道理，學不會人際交往術的人通常沒有把這種技巧放在眼裡。

加拿大卡爾頓大學的哲仁斯基（John Zelenski）認為，**不擅長人際交往的人比較關注社交活動的缺點，而不是優點**。

「社交高手只不過是愛耍嘴皮的大嘴巴。」

「想學交往術的人都是輕浮的傢伙。」

「看到逢迎諂媚的人就覺得噁心。」

正因為這麼想，他們才無法擅長人際交往。因此，若你想學習交往術，必須先思考人際交往的優點，並一直告訴自己：「與別人聊天非常有趣」，否則很難學會。

凡事都是如此，我們在學習時需要動力，**如果缺乏動力，不論再怎麼練習，都不會進步。**

舉例來說，如果小孩認為：「不會騎腳踏車，日子也過得很好」，或是「騎腳踏車容易出車禍」，他大概學不會騎腳踏車，因為一個人不可能學會他不想學的東西。不論父母和同學多麼熱心地陪他練習，他還是不會騎腳踏車。

對付這種孩子，若不告訴他學會騎腳踏車的快樂與喜悅，他絕對學不會，因此必須先讓他知道：「騎腳踏車可以去很遠的地方、享受乘風而行的愉悅感」，來改變他的意識。

同樣的道理，不會交往術的人通常認為：「這不是什麼好東西。」倘若各位也抱持這樣的想法，建議你先放下成見，告訴自己：「學會交往術，人生是彩色的」，才能建立學習的先決條件。

2
想當社交高手，首要條件是「別挑錯對象」

假設有個男性喜歡打扮得花枝招展的成熟姊姊類型，她周遭方圓十公尺內都能聞到她身上的香水味。然而，這個男性相貌老實，不是這種女性會看上的類型。其實這位男性絕對不缺桃花，職場上有不少粉領族對他抱著好感。只要這位男性願意轉換目標，肯定是桃花朵朵開，不過他搞錯該喜歡的對象了。

關鍵在於要了解自己，並鎖定會喜歡自己的類型。也就是說，不要追求那些不把自己當一回事的人，要把重點放在對自己有好感的人，然後與他們交往。

男性若是堅持「喜歡亮麗大姊姊」這樣的興趣與品味，將根本交不到女朋友，而光棍一輩子。這真是太遺憾了。職場上明明有許多對自己有好感的女性，與她們交往即可。

因此，想成為社交高手，首要條件就是別挑錯對象。如果你不是愛說話的人，最好找個安靜穩重的對象。即使雙方都不常開口，只要相處愉快，關係就會長長久久。

阿姆斯特丹大學的希爾丁（Marc Heerdink）表示，**待在覺得格格不入的小團體，只會感到痛苦萬分**。這時候，不妨早早切斷與該團隊的關係，加入其他的社群。

我認為自己之所以擅長人際交往，是因為挑選往來對象時，都不會看走眼。我無法與任何人都打好關係，**只會與處得來的人交往，才會成為社交高手**。我原本就不是只能活在清淨河水裡的香魚，比較像是喜歡住在泥坑裡的泥鰍。

我因為能正確分析自己，所以比較少跟愛在高級餐廳吃法國菜的人打交道，而是只和喜歡在廉價居酒屋高聲笑鬧的人交往。我以前曾經勉強自己與不合適的人往來，後來發現這種關係讓自己精疲力盡，如今再也不會為難自己了。

當你了解自己的個性時，再也不需要勉強，於是人際交往會變得很輕鬆。

3

交朋友避免找同年齡，最好「差十歲」

每個人都有天生不對盤的人，以及天生喜歡的人，想讓每個人都喜歡自己，本來就是不可能的任務。如果想當社交高手，請與好相處的人交往。

勉強自己與不擅長應付的人打交道，只會被人際關係搞得疲憊不堪，我們不用努力到這種地步。

挑選對象有什麼祕訣嗎？大家知道「年齡差距大比較好」這個規則嗎？

當雙方年齡相近時，很容易為了一點小事起口角：「你連這種事都不知道？」「對啦，怎樣！」如果雙方年齡差距大，就不會為了小事情吵架。

國中生與高中生會吵架，小學生與大學生就吵不起來，是同樣的道理。**年齡相差**

很多，本來就不容易吵架。我們對於年齡相近的人，很容易產生敵對意識或競爭意識，即使一些芝麻小事也會發生衝突。

《當代二十歲女性戀上四十歲男性的原因》這本書中寫著，根據電通總研的調查，年齡差距較大的情侶，像是二十歲與四十歲談戀愛，交往比較順利，而幾乎可當父女的情侶檔則是感情特別融洽。

競爭會使雙方關係越來越差，而競爭也越演越烈，心理學稱之為**「紅皇后效應」**（The Red Queen Effect）。

在路易士・卡洛爾的《愛麗絲鏡中奇遇》（*Through the Looking-Glass, and What Alice Found There*）中，紅皇后說過一句話：「你要一直拚命跑，才能保持在同一個位置」，紅皇后效應就是來自這句名言。

雙方年齡相近時，一定會產生競爭意識，無可避免地形成「我絕對不要輸給他」想法。在這種情況下，怎麼可能相處融洽。

相對地，雙方年齡差距大，將認同這個事實：「輸給他也沒關係」，比較不會吵架。**對於年長者來說，年齡差距大的好處之一，就是相處時不用像孩子般劍拔弩張，而是輕鬆愉快。**

兄弟姊妹也是如此，若是只相差個一、兩歲，很快就會吵起來，若是相差十歲以上，哥哥或姊姊都比較和善。因此，不需要特地與難相處的同齡層混在一起。

由此可知，與年齡比自己大很多歲的人來往，相處起來更輕鬆，那麼和這些人交往就行了。

4 擅長傾聽的人比較受歡迎，是騙人的!?

關於聊天話題，最好由你主動提起，若是交由對方開啟，通常你必須陪對方聊一些自己完全不感興趣的事，例如：他昨天看的電視節目、你根本沒興趣的運動等。

你與其陪對方沒完沒了地聊自己沒興趣的事，倒不如聊自己感興趣的東西，因為你自然會對這些事抱著愉悅心情。當你心情愉悅時，對方也會受到影響，露出滿面笑容，可說是有百利而無一害。

如果你陪對方聊自己不感興趣的話題，只會露出無聊的表情。對方看到你那樣的臉，也高興不起來。但如果由你開啟話題，你可以挑選自己感興趣的話題，聊起來比較熱絡，還能炒熱氣氛，營造活潑愉快的氣息。

一定有讀者提出反對意見：「為什麼我經常聽人說，不要主動搭話，要當個傾聽對方說話的人？」沒錯，傾聽對方說話也很重要。

不過，你能忍受一直聽一些無聊透頂的話題嗎？我辦不到，絕對會露出不悅的表情。你如果不想露出這種表情，就主動提供話題來炒熱氣氛吧。

另外，**擅長傾聽的人比較討喜，是騙人的**。根據實際數據，主動提供話題的人比較討喜。

美國洛約拉大學的費斯塔（Candice Festa）針對一百七十六名大學生，調查哪些人比較受到朋友歡迎，結果發現：**主題開啟話題的人比較討人喜歡**。

在書店裡，會看到許多書籍中寫著「擅長傾聽者比較討喜」，但我十分懷疑這些內容的真實性。在相處的過程中，我深信積極、不被動的人絕對比較受人歡迎。因此，與其磨練傾聽的技術，訓練說話的技巧更加重要。

要是沒有積極主動、不斷拋出話題的氣概，就無法成為社交高手。

5 和人吃飯，要特意選擇鬧哄哄的餐廳

早在很久以前，人們就認為向女性求婚時，應該選在看得到大海的地方，因為看得到大海的地方比較浪漫。

在不適合求婚的地方求婚，即使女性深愛著你，還是很有可能拒絕你。由於我們**會受到自己所處的狀況影響**，因此和人見面時，選擇地點十分重要。最好能在愜意舒適的地方，和對方見面。

法國南布列塔尼大學的賈于庸（Nicolas Guéguen）找來五名男學生，請他們向六百位女性搭訕說：「妳好漂亮。可以跟妳要電話號碼嗎？」結果，在花店前要電話號碼時，二四％的女性願意回答。

對於這個結果，賈于庸提出以下的見解：花是浪漫的象徵，處於百花環繞的狀況下，女性比較願意敞開心房。

此外，當同一群男學生在蛋糕店前要電話時，只有一五．五%的女性願意回答，而在鞋店前則只有一一．五%的女性提供電話號碼。

溫暖討喜的人熟悉各種地點的資訊，例如：哪些店的氣氛好、哪些店很熱鬧。由於知道各式各樣的店家，才能配合對象來選擇餐廳，因此溫暖討喜的人總是積極開發新店家。

順便說一下，和人見面時，最好選在活潑熱鬧的酒吧。**即使你們很安靜，當身旁的客人嗨起來時，氣氛也會被他們炒熱。**

能否與人相處順利，就某種程度而言，取決於知道多少家店。你知道的店家數量，與討喜的程度呈現正向關係。

還有一個重點就是，**不論某一家店多麼漂亮，你若是沒光顧過，千萬別約人一起**

去。因為在不熟悉的店裡，你難免比較放不開，就不容易炒熱氣氛，而在已熟悉的店裡，你才能放鬆地與別人互動交流。

6 「個人屬性」就是你的註冊商標，該怎麼打造？

能讓人深刻印象的人通常都有些與眾不同。如果周遭的人不會形容你「與其他人不太一樣」，表示你的個性還不夠明確。

在漫畫界有一句話：「沒設定個性就毀了。」漫畫在設定主角時，如果不能創造出與其他角色明顯不同的特色，內容會一點也不有趣，這就是「設定個性」。

真實世界也是如此，**如果能妥善設定個性，就可以展現出自己與他人的差異，帶來強烈的印象**。具體地說，可以利用以下這幾種方法來設定個性。

比方說「頭銜」，以我自己為例，頭銜是心理學家，這是比較少見的職業，光是這個頭銜就能設定個性。當我介紹自己：「我是內藤誼人」，對方會立刻記住或是想起來：「啊，你是那個心理學家！」

因此，在製作名片時，請儘量印上比較稀奇的頭銜，就能設定個性。

話說回來，想在現實中創造頭銜，通常都有一點難度，所以再想一些更簡單的方法。事實上，設定個性最簡單的方法就是運用隨身小配件。比方說，漫畫中只要讓主角帶著小配件，像是拿大刀、圍圍巾等，就能給人留下強烈的印象：「啊，是那個○○的人。」

設定個性也代表「打造註冊商標」。日本的魚君總是戴著一頂魚帽子，安東尼奧豬木還在當摔角選手時，永遠都披著一條大紅色的毛巾。

然而，我們不需要這麼高調的小配件，也能打造註冊商標。舉例來說，可以選用雪茄、Zippo打火機、萬寶龍鋼筆，甚至是爺爺留給你的懷錶。**隨身攜帶一些比較特別的小配件，就能順利設定屬性，像是「啊，那個帶著懷錶的○○先生。」**

惠勒（Elmer Wheeler）在著作《如何討人喜歡》（*How To Put Yourself Across*）中，闡明設定個性的重要性。他指出，知名鋼琴家利伯洛斯（Wadziu Valentino Liberace）每當演奏時，都會在鋼琴上擺一根蠟燭，這是為了吸引觀眾的注意力，也是設定個性的道具。

利用一些小配件，就能讓自己與眾不同。我認識一個人，他每次拜訪客戶的時候，都會帶甜甜圈當伴手禮，於是客戶那邊的女性都叫他「甜甜圈先生」，與他十分熟稔。這也是一個設定個性的成功案例。

7 身材瘦小卻是空手道四段！用「形象落差」加深印象

如果你的某些特性與外表形象落差很大，也能讓人留下強烈的印象。舉例來說，身材瘦小，卻是空手道四段；很愛搞笑耍寶，卻是東京大學畢業生。如果你有這樣的落差，能引吸對方的注意力。

先把手伸進冰水裡，接著立刻伸進溫水裡，你會覺得溫水像是滾燙的熱水。這個現象在心理學上稱為「**知覺對比現象**」，也可以套用在人類的認知上。因此，有落差當然比較吃香。

大部分的人看到一位女性頂著時尚辣妹風的大濃妝，走進玄關卻會把鞋子排整齊，都會覺得她很特別。在玄關把鞋子擺好明明是很基本的禮儀，但因為她的動作與外表有落差，會讓人更有好感。

那麼，打造落差最快的方法是什麼呢？答案是興趣。擁有與自己形象完全不同的興趣，就是一種落差。

演員哀川翔的外表有幾分黑社會大哥的味道，但他其實是個昆蟲迷，據說還飼養鍬形蟲，而傑尼斯的近藤真彥則是飼養青鱂魚。長相帥氣的近藤真彥說自己喜歡賽車時，因為太合乎他的形象，一點也不特別，但是說到他的興趣是飼養青鱂魚，與他的形象完全不搭，反而形成很大的落差。

如果你的興趣會讓人覺得「咦，是真的嗎？」自然就能呈現對比。

落差與魅力可以劃上等號。如果戴著眼鏡、一副書呆子模樣的人說：「我的興趣是閱讀」，那就太平凡無趣了，但如果他的興趣是聽重金屬搖滾，別人就會對於這個落差感興趣。

一本正經的人即使真正的興趣是閱讀，和別人聊天時，也要說一些不同的興趣。而且，那些興趣最好是跟自己八竿子打不著關係，越出乎意料越好。

溫暖討喜的人通常具有「興趣多樣化」的特徵，他們會涉獵各種事物，話題很豐富，擁有與自身形象完全不符的喜好或嗜好，會讓人覺得落差很大，而這樣的差異性會化為他們的魅力。

8 懂得社會人情世故，比高學歷更重要

想在社會上生存，成為社交高手是必備的技能。

即使不會說英語，也能過日子；沒有證照，依然能在商場上成功。不過，沒有人際交往技能，就很難好好過日子，不僅在工作上會遇到困難，連私生活、與附近鄰居的往來、小孩的家長會活動，全都會一團混亂。

我們身處在一個依靠人際關係建立而成的世界，**如果想在社會上生存，好好與別人相處可說是絕對不可或缺的條件**。

財團法人日本青少年研究所曾經針對日本、中國、韓國的國高中生，進行「成功要素」的問卷調查（請詳見《窺見現代人心的比率》一書）。結果發現，中國和韓國的學生把「努力」擺在第一名，而日本的國高中生則認為第一名是「討人喜歡、人品

好」。

可見得，日本的國高中生非常了解，自己在身處的環境裡，最需要具備「人際關係、**與別人相處**」這項條件。

有些人覺得：「跟別人處不來，沒什麼關係」、「遇到討厭鬼，別理他就好了」，但是這個社會不可能允許你這麼任性。尤其是想要活下去，人情世故至為關鍵，而想要懂得人情世故，必須不斷磨練自己的人際交往能力。

社交高手的能力，可說是活出豐富人生必備的通行證。**如果能成為社交高手，人們自然會圍繞在你身邊。**你將在職場上受到同事信賴，在生活中與鄰居融洽相處，在同好社團裡受到大家歡迎，這真是太愉快了。

想當個社交高手，你必須意識到「提升人際交往能力是件快樂的事」。**如果你總是說：「反正我就是不會跟別人打交道……」，交往技巧不可能會進步。**

總而言之，希望各位在踏出人際交往的第一步時，體認到磨練交往技巧的重要性。有沒有這樣的認知，將反映在磨練交往術的熱情上，而產生重大的影響。

專欄

培養人際關係，重點在於深度而非人數

在人際交往的場合，有些人把全付心力投注於增加人脈，卻忘記應該花點工夫，維持好不容易建立的人際關係。

懂得增加交往人數就是社交高手，是錯誤的觀念。老實說，人數不多也沒有關係。

社交高手看重的不是認識的人數，而是交往的深度。比起不斷增加人數，我們應該把重點放在深入交往，這才是正確的態度。

與其與一百個人各見一次面，還不如與一個人見一百次面，因為這可以加深彼此的感情，在一起也很開心。手機或信箱裡的朋友人數很多，絕

不代表你溫暖討喜。

即使交換名片的人數超過一萬人，也不能代表什麼，沒什麼好得意。

重點不在於建構人際關係，而是維持與深化。

德國愛爾朗根—紐倫堡弗里德里希‧亞歷山大大學的沃爾夫（Hans Wolff），花費三年時間，追蹤調查服務業、製造業、運輸業等業種的四百五十五人。結果發現，在人際網絡方面，重視維持更甚於建構的人往往工作更順利，薪水也比較高。

有些人建立人際關係之後就不珍惜，這是非常可惜的。好不容易才認識對方，如何維持彼此的關係，像是經常傳訊息，或是找機會見面等，才是真正重要的事。如果不努力維持，很快就會失去這些人際關係。

認識新朋友確實很新鮮有趣，但一到手就不珍惜，是錯誤的處世態度。雙方認識是難得的緣分，請努力加深彼此的關係吧。

由於工作的緣故，我經常與其他人交換名片，而這些新朋友多半會在當天傳送感謝的電子郵件給我，像是「今天很感謝你」，這樣真的很好。

不過，在我回覆電子郵件後，往來通常到此為止，幾乎沒有人再回信給我。為什麼信件往來就此打住呢？這樣會讓緣分斷絕了。

總而言之，如果剛開始沒有密切聯繫，關係很快就沒了。這是得來不易的人脈關係，請大家務必好好珍惜。

重點整理

- 待在自己覺得格格不入的小團體，只會感到痛苦，不妨早點切斷關係，加入其他的社群。
- 和年紀比自己大很多歲的人來往，相處起來比較輕鬆。
- 當你心情愉悅時，對方會受影響而滿面笑容，可說是百利而無一害。
- 「設定個性」代表「打造註冊商標」，善用一些配件，就能使自己與眾不同。
- 如果你的興趣與形象有很大差異，會形成一種落差，而落差與魅力可以劃上等號。
- 想當個社交高手，你必須意識到「提升社交能力是件快樂的事」。

※編輯部整理

NOTE

結語

想擁有好人緣，只需要多一點勇氣與心機

與人相處往來時，其實只需要多一點勇氣與積極。一開始不必學習什麼技巧，請主動且開朗地說聲：「你好！」

如果你不肯主動開口，絕對無法開啟彼此的關係，因此主動開口就對了，接下來就順其自然。有時候，或許兩人話不投機半句多，其實不用太介意，因為沒有人一開始就很厲害。

學習英文時，剛開始只能說一些單字和片語。要把自己知道的單字說出來，可能已經很吃力了。如果熬不過這個階段，就不能流暢地講英文。若是害怕說錯或是不喜歡只會講單字，就停止練習，能力便原地踏步了。

人際交往也是同樣的道理，假設有個人不敢與異性聊天，只要說幾個字就會直冒冷汗。不過，他逐漸習慣之後，從原本只會說單字到現今可以越說越多，不知不覺中能開心地聊兩、三個小時。

我曾經指導大學一年級學生簡報技巧。剛開始，學生在眾人面前做簡報時，視線一直盯著腳下，完全不敢出聲，身體扭來扭去，滿臉通紅。

但到了第五次、第十次發表時，這些學生已經有勇氣大方發表，甚至還有學生說：「在大家面前簡報，很有趣耶。」

我深深覺得最重要的就是練習。說到人際交往的必備條件，應該就是主動搭話的勇氣與積極。本書傳授了許多技巧，希望各位主動開口增加練習量。你練習的次數越多，交往技巧也會持續提升。

能與讀者分享本書令我欣喜萬分，希望書中內容對各位有所助益。

撰寫本書期間，承蒙大和書房編輯部的高橋千春小姐諸多關照，謹此致謝。最後，由衷感謝各位讀者，願我們有緣再會。

NOTE

NOTE

NOTE

國家圖書館出版品預行編目（CIP）資料

「溫暖討喜」的微狡猾交往術：付出 1% 的努力，就能提升 99% 貴人運的 65 個技巧！ ／內藤誼人著；侯詠馨譯 -- 初版 . -- 新北市：大樂文化，2019.04
面；公分 . --（Smart；082）
譯自：「人たらし」のズルい交際術

ISBN 978-957-8710-20-7（平裝）
1. 人際關係2. 社交

177.3 108004998

Smart 082

「溫暖討喜」的微狡猾交往術
付出 1% 的努力，就能提升 99% 貴人運的 65 個技巧！

作　　者／內藤誼人
譯　　者／侯詠馨
封面設計／蕭壽佳
內頁排版／思思
主　　編／皮海屏
發行專員／劉怡安、王薇捷
會計經理／陳碧蘭
發行經理／高世權、呂和儒
總編輯、總經理／蔡連壽

出 版 者／大樂文化有限公司
地址：新北市板橋區文化路一段 268 號 18 樓之 1
電話：（02）2258-3656
傳真：（02）2258-3660
詢問購書相關資訊請洽：2258-3656
郵政劃撥帳號／ 50211045 戶名／大樂文化有限公司

香港發行／豐達出版發行有限公司
地址：香港柴灣永泰道 70 號柴灣工業城 2 期 1805 室
電話：852-2172 6513 傳真：852-2172 4355

法律顧問／第一國際法律事務所余淑杏律師
印　　刷／韋懋實業有限公司

出版日期／ 2019 年 4 月 22 日
定　　價／ 260 元（缺頁或損毀的書，請寄回更換）
I S B N 978-957-8710-20-7

大樂文化

大樂文化